文春文庫

人口減少社会の未来学

内田樹編

文藝春秋

人口減少社会の未来学　目次

序論　文明史的スケールの問題を前にした未来予測　内田 樹

ホモ・サピエンス史から考える人口動態と種の生存戦略　池田清彦

頭脳資本主義の到来
——AI時代における少子化よりも深刻な問題

井上智洋

日本の〝人口減少〟の実相と、その先の希望
――シンプルな統計数字により、「空気」の支配を脱する
藻谷浩介

人口減少がもたらすモラル大転換の時代
平川克美

縮小社会は楽しくなんかない　ブレイディみかこ

武士よさらば
――あったかくてぐちゃぐちゃに、街をイジル　隈 研吾

本書で掲載しているデータは、単行本刊行当時のものです。

人口減少社会の未来学

序論　文明史的スケールの問題を前にした未来予測

内田 樹

1950年東京都生まれ。思想家、武道家、神戸女学院大学名誉教授、凱風館館長。東京大学文学部仏文科卒業。東京都立大学大学院人文科学研究科博士課程中退。専門はフランス現代思想、武道論、教育論など。『ためらいの倫理学』『レヴィナスと愛の現象学』『ローカリズム宣言』など著書多数。『私家版・ユダヤ文化論』で小林秀雄賞、『日本辺境論』で新書大賞を受賞。

「衆知を集めて対話する」作法

最初に「まえがき」を兼ねて、この論集の趣旨を明らかにし、いささかの私見を述べて「序論」としたいと思います。

文藝春秋の山本浩貴さんから半年ほど前に「人口減少社会の未来について、いろいろな視点からの知見をまとめた本を編みたい」という提案を受けました。僕自身その問題については関心を持っていましたので、お引き受けしました。僕が言いたいことがあるというより、人口減少社会の実相について他の方々がどういう見通しを持っているのかを知りたかったからです。僕が編者ということになりましたので、寄稿依頼の文章は僕が起案しました。こんな文章です。

みなさま
こんにちは、内田樹です。
文藝春秋から「人口減少問題」をめぐる論集を編みたいというご相談を受けました。人口減少はこれから世界中が直面することになる文明史的スケールの問題です。国立社会保障・人口問題研究所の報告によれば、日本の21世紀末の総人口は中位推計で5000万人と推計されています。これから80年間で人口がおよそ7000万人以上減る。これは政府や自治体が行っている婚活や育児支援のようなレベルの政策で対応できるスケールの変化ではありません。とりあえず人口減少による市場の縮減は現在のビジネスモデルの多くについて根本的な変化ないしは市場からの退場を要求することになるでしょう。それは国民生活の激変をもたらすはずですけれども、人口減によって何が起きるかについての、科学的予測を踏まえた「国のかたち」についての国民的な議論はまだ始まっておりません。

人口減と同時にＡＩによる雇用喪失も切迫した問題です。テクノロジーの進化によって引き起こされる雇用喪失は製造業・サービス業を中心に空前の規模のものとなると予測されていますが、いつ、どの業界から、どういうかたちで始まるのかはまだわかりません。それでも、アメリカではベーシックインカムの導入をエコノミストたちが真顔で議論するまでになっていることから大量失職の切迫感は窺い知れます。

これから社会のかたちはどう変わってゆくのか。それについての長期的な予測を立て、それに対して私たちは何ができるか、何をなすべきかを論じ、とりあえず今できることから着手するのは未来の世代に対する私たちの忌避できぬ責任だろうと思います。

私たちが迎えようとしているのは前代未聞の事態ですから、「このような問題について私はどうすればいいか正解を知っている」という人間はどこにもいません。これは何が起きるか、どう対処したらよいかについて誰も解を知らない問題です。けれども、そういう問題についても「衆知を集める」ことくらいはできるはずです。この論集では、

「難問について衆知を集めて対話する」という作法そのものをまず手作りして、提示してゆきたいと考えています。

この論集へ寄稿をお願いするみなさんのうちの誰が正しい予測を語っているのか、誰の提言が合理的なのかは、今の段階ではわかりません。それでも、それぞれの領域での知見をふまえた提言を持ち寄って、突き合わせることによって、より適用範囲の広い、より蓋然性の高い仮説を集団的に作り上げることはできると僕は考えています。おそらく、そのような作業はすでに世界各地で同時多発的に、いくつもの領域で始まりつつあると私は思っています。その中の一つの試みとして、この論集が未来についての日本国内における国民的な議論のきっかけになればと願っております。

論集への寄稿依頼は十数名の方をお願いする予定でおります。お忙しい方々ばかりですから、全員には執筆頂けないだろうと思いますが、できるだけ多様な視点から「人口減少社会」に起きると予測される出来事と、それに対処するための提案をご教示頂きたいと思っています。どうぞよろしくお願い致します。


以上です。

人口減少社会の未来を予測する書物は、本書を含めて、これからいくつも出版されると思います。このような国民的な問題については、できるだけ多くの書き手によって、できるだけ多くの知見が示されるべきだと思います。未来はつねに霧の中です。霧の先にどういう風景が広がっているかについては、確定的なことを言える人は一人もいません。ですから、論者の数だけ未来像が語られることになる。この場合、予測される未来像が違えば違うほど、僕たちが書き出さねばならない「心の準備」のリストは長大なものになります。

ところが、僕たち日本人はこの起こるかも知れないことについて「心の準備をする」ということがどうも大変に苦手らしいのです。上の依頼文の中で、人口減少社会の未来予測は「世界各地で同時多発的に、いくつもの領域で始まりつつある」と僕は書きました。たしかに海外では数年前から「脱成長論」や「定常経済論」が重要な論件になってきています。でも、日本社会にはそれが喫緊の論件だという切迫感がまだありません。それが不思議です。なぜなら、日本は世界で最初に超少子化・超高齢化のフェーズに突入する国だからです。かつて世界のどんな国も経験したことのない、歴史上前例のない局面に踏み込む。にもかかわらず、「その時何が起きるのか？」についての予測がなされていない。僕のような経済学とも人口学とも制度論ともまったく無縁の人間が「こんな本」の企画の編者に呼ばれるのは、率直に言えば、専門家がこの議論を忌避しているからです。「人口減少社会の予測や対策は専門家にお任せください。素人さんが出しゃばることないです」と専門家が言ってくれるなら、僕だって心配しません。そもそも僕のような素人のところにこんな企画が回ってくるはずがない。でも、現に僕は「こんな文」を書いている。この事実そのものが、日本人が人口減少社会に対する備えができていないことを証拠立てています。

もう一度言いますけれど、僕たち日本人は最悪の場合に備えて準備しておくということが嫌いなのです。「嫌い」なのか、「できない」のか知りませんが、これはある種の国民的な「病」だと思います。

戦争や恐慌や自然災害はどんな国にも起こります。その意味では「よくあること」です。でも、「危機が高い確率で予測されても何の手立ても講じない国民性格」というのは「よくあること」ではありません。それは一つ、次数の高い危機です。「リスク」はこちらの意思にかかわりなく外部から到来しますが、「リスクの到来が予測されているのに何も手立てを講じない」という集合的な無能は日本人が自分で選んだものだからです。「選んだもの」が言い過ぎなら、「自分に許しているもの」です。

人口減少は自然過程

人口減少そのものは天変地異ではありません。自然過程です。キャリング・キャパシティ（環境収容力）を超えた人口膨張に対して、人類が生き延びるために無意識的に選択しつつある集団的な行動です。

70億という人類の総人口はどう考えても地球環境への負荷としては過大です。それでも、22世紀までは人口はさらに増え続けます。２０５０年には97億人、２１００年には

112億人に達すると予測されています。それだけの人口に対して、エネルギーや食糧や水や医療や教育資源を安定的に供給できると思っている人はたぶんいないでしょう。現在でさえ、世界では8億人が栄養不良状態にあります。9人に1人が飢えている。それにもかかわらず、世界人口はこれから30年でさらに22億人、1年に約7000万人のペースで増え続けます。人口が際立って増えるのは、インド（3・2億人）、ナイジェリア（2・2億人）、コンゴ民主共和国（1・2億人）、パキスタン（1・1億人）、エチオピア（9千万人）、タンザニア（8千万人）、アメリカ（7千万人）、インドネシア（6千万人）、ウガンダ（6千万人）などです。これらの国々において、30年後は今より政情が安定し、経済が好調で、民心が穏やかになっていると予測するためにはよほどの楽観が必要でしょう。これ以上の人口増を受け入れるだけの体力は（アメリカを除いて）これらの国々のどこにもありません。ですから、地球環境が持続可能な状態にまで人口が減少するのは自然なことですし、合理的なことです。人口減それ自体があたかも「忌まわしいもの」でもあるかのように語るのはまったく当を失しています。先進国はどこでも（アメリカを除いて）これから人口減局面に入ります。22世紀にはアジア、アフリカを含む全世界が少子・高齢化、そして人口減局面を迎えます。これは「誰の身にも起きること」なのです。まずそのことを認めるところから始めないと話になりません。

誰の身にも起きることであるわけですから、早晩どこの国もそれに対する備えを始めなければならない。でも、最も早くその危機に遭遇する日本では、なぜかそれに対する備えが始められていない。人々はそのことについては考えないようにしている。駝鳥が砂に頭を突っ込むように、危機の接近に気づかないふりをしている。人口減少社会の実相についての具体的な考察に入る前に、僕は序論においてこの日本人の集団的無能についての予備的な考察をしたいと思います。少し長い話になりますけれど、ご容赦ください。

先日、毎日新聞が「縮む日本の先に」という特集の座談会を企画しました。「人口減が、なぜ深刻な問題なのか。どのような課題に、どのように向き合っていけばいいのでしょうか」という記者の問いに、ある人は「楽観する問題ではないが、かといって悲観的になるのではなく、人口減は既定の事実と受け止めて、対処法をどうするかを考えたらいい」と回答しました。ある人は「人口が減っていくと『衰退宿命論』が社会に広がっていく。すると、なすべき対応を忘れ、社会は転落する」と回答しました。別の人は「人口減に対応する社会システムを作る必要があるだろう」と回答しました。その後、個別的な議論になって、東京一極集中から地方分散へ、定年の延長と高齢者の就労促進、年金支給年齢の引き上げというような当たり障りのない意見がぱらぱらと出た後、最後に政治家が（福田康夫元首相でしたが）「国家の行く末を総合的に考える中心がいない」と冷たく突き放して座談会は終わりました。

ここから知れるのは、人口減少社会に対して、行政のどの部署が対応策を起案するのか、その提案の適否は誰がどういう基準に基づいて判断するのかについて、今の日本にはまだ何の合意も何のルールも存在しないということです。「人口減に対応する社会システムを作る必要があるだろう」というようなことを行政の専門家が今頃（自分にその起案責任があるのではないかという自覚をまったく欠いたまま）言っているという事実に僕たちはもう少し慄然としてよいと思います。

「最悪の事態」に備えてさまざまなプランを用意するということを日本人は嫌いますけれど、それはかなりの程度まで日本人の民族誌的奇習だと思います。とりあえずアメリカは違います。

前にも書いた話ですけれど、手ごろな傍証なのでまた引かせてもらいます。『エアポート77／バミューダからの脱出』（1977年）というパニック映画がありました。ジャンボ機がハイジャックされ、バミューダ海域で故障して水没する。アメリカ海軍が救難信号をキャッチして現地に急行し、ジャンボ機を乗客ごと引き上げるための大規模な救助作戦が始まる……という「あらすじ」を書いただけで「よくあるパニック映画」だとわかると思います。さしてサスペンスも盛り上がらず、爽快感もない凡作なのですけれど、それを休日の昼間に寝転んで見ていて強い違和感を覚えた場面がありました。それはジャンボ機の引き上げ作業（海底に沈んだ機体に風船をくくり付けて浮かび上がらせるというものなんですけれど）を始めるに当たって、艦長が「それだと作戦第何号だな」と言って、艦橋のロッカーを開けて、そこにびっしり詰まっている作戦実施要領ファイルの中から一冊を抜き出し、艦内放送で「これから作戦第何号を実行する。なお、これは演習ではない」と告げた場面でした。僕は思わずテレビ画面に向いて「おい」とつぶやいてしまいました。「海底30メートルのところに乗客ごと沈んでいて、浸水し、酸素がなくなってきたジャンボ機を風船で浮かせる」オペレーションに特化したマニュアルがあって、乗組員たちはその演習をこれまで何度か繰り返して来ているという設定があまりに非現実的なものに思えたからです。でも、このシナリオがユニバーサル映画の企画会議を通って、1000万ドルの製作費が出たということは「こんなご都合主義の設定はいくら何でも客が怒り出すだろう」と言った人がユニバーサルにはいなかったということを意味しています。

僕はこの時に「危機」というものについての考え方が日米ではずいぶん違うのだと思いました。「ふつうは起きないこと」を網羅的に列挙し、それぞれについて逐一対応策を用意しておくことをアメリカ人は「無駄」だとは考えない。むしろ、「誰も思いつかなかったような最悪の事態」を思いつき、それに対処するプランを立案できる能力にアメリカ社会は高い評価を与えるらしい。

「カタストロフが過去に一度も起きなかったということは、それが将来において決して起きないということの根拠にならない」という命題は（デイヴィッド・ヒューム以来）英米の知性にはおそらく深く内面化されている。「これまで起きなかったこと」はこれからも起きない蓋然性が高いけれど、それはあくまで蓋然性に過ぎない。蓋然性の見積もりに主観的願望を関与させてはならない。これがおそらくはアングロ＝サクソン的知性にとっての「常識」なのです。でも、これは日本では常識ではありません。日本では話がみごとに逆転します。起こる確率の低い破局的事態については「考えないことにする」。それが本邦の伝統です。

先の戦争指導部と共通のマインド

その傾向が最も極端なかたちで発現したのが、先の大戦の時の大日本帝国戦争指導部でした。「これがうまく行って、これもうまく行けば、皇軍大勝利」という「最良の事態」ばかりを次々とプレゼンできる参謀たちがそこでは重用されました。もちろん現実はそんなに都合よくはゆきません。敗色が濃厚になってから後はほとんどすべての作戦は失敗しました。けれども、作戦が失敗した場合も、その責任はしばしば作戦起案者ではなく、現場の指揮官や兵士たちが指示通りに行動しなかったことに帰されました。作戦が成功すれば立案者の功績、失敗すれば実行部隊の責任。ノモンハン以来、インパールでもフィリピンでもずっとそうでした。ですから、作戦起案時点で、「最悪の事態」を想定する人間が出て来るはずがない。「もしプランAが失敗したらどうするんですか？」という問いは「そういう敗北主義が皇軍の士気を低下させて、作戦の失敗を引き寄せるのだ」というロジックでただちに却下された。

先の座談会でも、四人の論者たちは全員が「悲観的になってはならない」という点では一致していました。確かに、その通りかも知れません。けれども、この場合に気をつけなければいけないのは、日本社会では「最悪の事態を想定して、その対処法を考える」という態度そのものが「悲観的なふるまい」に類別されるということです。だから、「そういうこと」をしてはならないと厳命される。悲観的になると人は「衰退宿命論」に取り憑かれ、「なすべき対応を忘れ」、そのせいで「社会は転落する」からです。危機的な事態に備えている人間は別に悲観的になっているわけではないと僕は思います（とりあえず『エアポート77』を見る限りではそうです）。でも、そういうふうに考える人間は日本社会では例外的少数であるらしい。というのも、たしかに彼らの言う通り、日本人は「最悪の事態」を想定すると、それにどう対処するかをクールに思量し始める前に、絶望のあまり思考停止に陥ってしまうからです。

人口減は対処を誤ると亡国的な危機を招来しかねない問題ですけれど、それについては政府も自治体もまだ何も手立てを講じていません。どの部局が手立てを講じるべきかについての合意さえない。それは「悲観的になると、何も対策を思いつかない」という信憑がひろく世間に行き渡っているからです。現に、経験知もそう教えている。悲観的になると日本人は愚鈍化する。

そして、その反対の「根拠のない楽観」にすがりついて、あれこれと多幸症的な妄想を語ることは積極的に推奨されています。原発の再稼働も、兵器輸出も、リニア新幹線も、五輪や万博やカジノのような「パンとサーカス」的イベントも、日銀の「異次元緩和」も官製相場も、どれも失敗したら悲惨なことになりそうな無謀な作戦ですけれど、どれについても関係者たちは一人として「考え得る最悪の事態についてどう対処するか」については一秒も頭を使いません。すべてがうまくゆけば日本経済は再び活性化し、世界中から資本が集まり、株価は高騰し、人口もV字回復……というような話を（たぶんそんなことは絶対に起きないと知っていながら）している。思い通りにならなかった場合には、どのタイミングで、どの指標に基づいてプランBやプランCに切り替えて、被害を最小化するかという話は誰もしない。それは「うまくゆかなかった場合に備える」という態度は敗北主義であり、敗北主義こそが敗北を呼び込むという循環的なロジックに取り憑かれているからです。そして、この論法にしがみついている限り、将来的にどのようなリスクが予測されても何もしないでいることが許される。

　その点では現代日本のエリートたちも先の戦争指導部とマインドにおいてはほとんど変わりません。いずれの場合も高い確率で破局的事態が到来することは予測されている。けれども、破局が到来した場合には社会全体が大混乱に陥るので、そんな時に「責任者は誰だ」というような他責的な言葉づかいで糾明する人間はもういない。そんなことしている暇もないし、耳を貸す人もいない。だったら、いっそ破局まで行った方が個人の責任が免ぜられる分だけ「得」だ。それが「敗北主義が敗北を呼び込む」というロジックの裏側にある打算です。

東京裁判の時、25名の被告の全員が「自分は戦争を惹起することを欲しなかった」と主張しました。満州事変についても、中国との戦争についても、太平洋戦争についても、被告たちは「他に択《えら》ぶべき途《みち》は拓《ひら》かれていなかった」と述べて責任を忌避しました。例えば、小磯國昭《こいそくにあき》は満州事変にも、中国における軍事行動にも、三国同盟にも、米国への戦争にも、そのすべてに個人的には反対であったと証言しました。これに驚いた検察官は、なぜあなたは自分が反対する政策を執行する政府機関で次々と重職を累進しえたのかと問い詰めました。それに小磯はこう答えました。

「われわれ日本人の行き方として、自分の意見は意見、議論は議論といたしまして、国策がいやしくも決定せられました以上、われわれはその国策に従って努力するというのがわれわれに課せられた従来の慣習であり、また尊重せらるる行き方であります」（丸山眞男、『現代政治の思想と行動』、未來社、1964年、109頁、強調は丸山）

丸山眞男はこの証言を引用した後にこう記しています。「右のような事例を通じて結論されることは、ここで『現実』というものは常に作り出されつつあるもの或は作り出され行くものと考えられないで、作り出されてしまったこと、いな、さらにはっきりいえばどこかから起って来たものと考えられていることである」（同書、109頁、強調は丸山）

被告たちは戦争指導の要路にありながら、自分たちが戦争という現実を作り出したということをかたくなに拒みました。戦争は人間の能力を超えた天変地異のように「どこかから起って来たもの」として彼らには受け止められていたのです。それゆえ、その圧倒的な現実に適応する以外に「択ぶべき途は拓かれていなかった」と彼らは弁疏したのです。

戦争がコントロール可能な政治的行為だとするならば、どのような理念と計画に基づいて戦争を始めたのかについての政治責任が発生します。けれども、「どこかから起って来た」天変地異的な破局であるならば、誰の身にもいかなる政治責任も発生しない。ですから、いささか意地の悪い見方をすると、戦争指導部の人々は敗色濃厚になってから後は「戦争が制御不能になること」をこそむしろ無意識的には願っていただろうと僕は思います。

１９４２年のミッドウェー海戦で海軍はその主力を失い、もう戦争遂行能力はなくなっていました。ですから、その時点で講和の交渉を開始することは選択肢としては合理的でした（現に、木戸幸一や吉田茂らは和平工作を始めていました）。でも、例えば講和の条件として、大日本帝国の継続を認める代わりに、満州や朝鮮半島や台湾の植民地を手離すことを求められた場合、何が起きたでしょう。「誰が、何をめざしてこのような無謀な戦争を始めたのか？　国益を損なったのは誰だ？」というきびしい責任追及が行われたはずです。統治機構がまともに機能していて、国民生活が平常に送られていて、ジャーナリズムがまだ生きていたら、戦争指導部の責任が問われたはずです。その場合には、後に東京裁判で被告席に立たされることになった人たちの多くは日本人自身の手によって裁かれたはずです。でも、戦争が制御不能になり、統治機構が瓦解し、人々が戦火の下を逃げまどい、政治的意見を語る場も対話の場もなくなれば、事態があまりに破局的であるがゆえに日本人自身による戦争責任追及の機会はなくなる。人々はとりあえずその破局的現実に適応して、生き延びることに全力を尽くすしかない。そして、国運が決した以上、「自分の意見は意見、議論は議論」として脇に措いて、生き延びたものたち同士で手を取り合い、国を再建する事業に取り組む、それが「課せられた従来の慣習であり、また尊重せらるる行き方」であるということになる。「一億総懺悔《いちおくそうざんげ》」というのはそういうことです。この破局は天変地異なのだから、そんな修羅場で「誰の責任だ」というような野暮は言うな、と。

自分の手で敗戦処理ができるだけの余力がある間は（責任を問われるから）何もしない。ひたすら天変地異的な破局が天から降って来るまで（あるいは「神風」が吹いて指導部の無為無策にもかかわらず皇軍勝利が天から降って来るまで）手をつかねて待つ。この病的な心理機制は先の敗戦の時に固有なものではありません。今もそのままです。手つかずのまま日本社会に残っている。現に、今もわが国の指導層の人々は人口減がどういう「最悪の事態」をもたらすのか、その被害を最小化するためには今ここで何を始めればよいのかについては何も考えていません。悲観的な未来について考えると思考が停止するからです。自分がそうだということはわかっているのです。それよりは無根拠に多幸症的な妄想に耽っている方が「まだまし」だと判断している。

楽観的でいられる限りは、統計データを都合よく解釈したり、リスクを低く見積もったり、嘘をついたり、他人に罪をなすりつけたりする「知恵」だけはよく働くからです。そうやって適当な嘘や言い逃れを思いつく限りは、しばらくはおのれ一人については地位を保全できるし、自己利益を確保できる。でも、悲観的な未来を予測し、それを口にしたとたんに、これまでの失敗や無作為について責任を問われ、採るべき対策の起案を求められる。そんな責任を取りたくないし、そんなタスクを課せられたくない。だから、悲観的なことは考えないことにする。早めに失敗を認めて、被害がシステム全体には及ばないように気づかった人間がむしろ責任を問われる。非難の十字砲火を浴び、謝罪や釈明を求められ、「けじめ」をつけろと脅される。それが日本社会のルールです。システム全体にとっては「よいこと」をしたのに、個人的には何一つ「よいこと」がない。だったら、失敗なんか認めず、「すべて絶好調です」と嘘を言い続けて、責任を先送りした方が「まだまし」だということになる。

これはバブル期の銀行経営において見られたことです。銀行経営者たちは不良債権のリスクを知りながら、自分の在任中にそれが事件化して責任を問われることを嫌って、問題を先送りし、満額の退職金をもらって逃げ出し、銀行が破綻するまで問題を放置した。彼らは早めに失敗を認めて、被害を最小化することよりも、失敗を認めず、被害が破局的になる方が「自己利益を確保する上では有利」だと判断したのです。

どんな世の中にもそういう利己的な人間は一定数存在します。これをゼロにすることはできません。けれども「そういう人間」ばかりが統治機構の要路を占めるというシステムはあきらかに病んでいます。その意味で現代日本社会は深く病んでいます。

後退戦で必要なのはクールで計量的な知性

悲観的な未来については考えたくないという怯えは、人口減問題において際立ったかたちで露呈しました。人口減はたしかに対処の困難な課題ではありますけれど、これは誰が何と言おうと天変地異ではありません。人口問題は他の問題(例えば外交上の難問とか、経済的な苦境など)と同列に論じることはできません。というのは、それがいつ、どういうかたちで発生するかがはるか以前から予測されていたからです。もう一度言います。人口問題は天変地異ではありません。「どこかから起って来たもの」だという言い逃れは人口問題については絶対に通りません。

ある年の出生数は子どもが生まれた時点で確定しますが、実際にはその20年以上前から確度の高い予測を立てることができます。というのは、95%の女性は20歳から39歳の間に子どもを産むからです。この世代の人口を「出産年齢人口」と呼びます。その増減が直接に出生数に反映します。ですから、メディアは「今年の出生数が増えた減った」

ということを「ニュース」として報じますけれど、これは「ニュース」でもなんでもない。実際には20年前から「今年の出生数」についての予測は可能だったからです。

出産年齢人口は2000年には1730万人でした。2020年には1280万人に減ります。25％の減少です。合計特殊出生率は1947年の4・54から1989年の「1・57ショック」を経て、2005年の1・26まで下がり続けています。ですから、21世紀になってからの急激な人口減はすでに1980年代には予測されていたのです。でも、「少子化に備えて必要な手立てを早急に講じなければならない」というような話はとりあえず1980年代には喫緊の論件ではありませんでした。少なくとも僕の周りでは誰一人話題にしたことがありません。

1980年代に日本のGDPはアメリカに次いで世界二位でした。バブル経済を迎えて東京の人口は増え続け、建物は林立し、レストランやカフェやディスコはどこも満杯、学生たちが外車を乗り回し、スキー場も海岸も立錐の余地もないほど人がひしめいていました。将来の人口減なんか何のリアリティもなかった。僕自身も、東京に人が増え過ぎたことにうんざりしていたので、その時点で21世紀のはじめに総人口がピークアウトすると告知されても、「それがどうした」というような気のない対応しかしなかったでしょう。

「先のことを考えない」という心的傾向は大学にいるとしみじみ実感できます。大学にとって喫緊の「人口問題」は18歳人口です。そして、ある年度の18歳人口は18年前にわかります。つまり、志願者の増減にかかわる問題については18年前から取り組み開始が可能だということです。数字を示しますと、70年代から1992年の205万人まで18歳人口は増え続けました。そして93年から下落傾向に入り、2018年は117万人、92年の57%にまで減少しました。

僕の在職していた大学で、90年代のはじめ頃に全学の研修会が開かれました。そして、そこで「これから18歳人口が減少し始めるので、生き残りのための対策を講じなければならない」と告げられました。僕はその研修会に出るまで、そんな危機的状況が近づきつつあるとは知りませんでしたので、聞いてびっくりしました。研修会でそう聞かされて「大変なことになったなぁ」と思いながら、「ちょっと待てよ。93年から18歳人口が減り出すということは1975年からわかっていたことじゃないか……。これまでの18年間、大学は何してたんだろう?」と思いました。

聞いてみたら、何もしていなかったことがわかりました。志願者数が増えている間は、それに合わせて入学定員を増やし、教職員数を増やし、予算規模を増やし、給料を上げていたのです。「18歳人口が減り始めたらたいへんに困ったことになる仕組み」を18年間かけて作り込んでいたわけです。

これは僕のいた大学だけがとりわけ見識に欠けていたわけではないと思います。将来的な人口減を勘定に入れて、手堅い制度設計をしていたところなんかたぶん日本の私学に一つもなかった。現に、志願者は毎年増えて、定員増が簡単に認められて、学納金がざくざく入ってくるんですから。「将来に備えるというのは稼げるうちに稼いでおくことだよ」と言われたら僕がその時代に大学にいてもたぶんうまく反論できなかったと思います。

それでも、研修会で将来的な志願者減が告知されてから、僕自身は「18歳人口増を理由に入学定員を増やしたのだから、同じロジックで、18歳人口減に伴って入学定員も減らすのが、教育研究のレベルを維持するための合理的な解だと思う」というダウンサイジング論を学内で訴えました。自分ではごくまっとうな意見を述べているつもりでしたけれど、支持してくれる人は学内においては少数派でした。信じられない愚策だと頭ごなしに怒鳴りつけられたことさえありました。「定員を減らし、教員数を減らし、研究費を減らすというような『後ろ向き』な改革をしたら、人心が萎えて、大学は火が消えたようになり、研究も教育も全部停滞してしまう」というのが彼らの言い分でした。こういう時こそ「攻めの姿勢」でどんどん規模を拡大すべきなのだ、それが「ビジネスマインド」というものだ、大学の教師というのは世間を知らんのでいかんと諭されました。なんとアカデミアでも「敗北主義が敗北を呼び込む」という論法が永遠の真理として堂々と語られていたのでした。

ちなみに、現時点で、私立大・短大を運営する全国の660学校法人のうち112法人（17％）が経営困難な状態にあり、うち21法人は2019年度末までに破綻する恐れがあるそうです。これらの大学でも、おそらくは「攻めの経営」を言い立てた人たちが久しく主導権を取り、僕のような「小商い」へのシフトを主張した人間は「敗北主義者」のレッテルを貼られて冷や飯を食わされていたのでしょう。

以上、個人的な愚痴をまじえて長々と書いてきましたが、僕が言いたいのは、要するに日本社会には最悪の事態に備えて「リスクヘッジ」をしておくという習慣がないということです。ただ、誤解して欲しくないのですが、僕はそれが「悪い」と言っているわけではありません（そんなこと今さら言っても仕方がありません）。そうではなくて、どんな場合でも、日本人は「最悪の事態」に備えてリスクヘッジする習慣がなく、そういう予測をすること自体を「敗北主義」として忌避するという事実を勘定に入れてものごとを考えた方が実用的ではないかと言っているだけです。日本人というリスクファクターを勘定に入れておかないと適切なリスク管理はできない。そういう話です。車を運転する時に、ブレーキがよく効かないとか、空気圧が足りないとか、ライトが点かないとかいうことを勘定に入れて運転しないとえらいことになるのと同じです。「ちゃんと整備されていない車を運転させるな」と怒ってもしょうがない。それしか乗るものがないんですから。不具合を「込み」で運転するしかない。

僕たちがこれから行うのは「後退戦」です。後退戦の目標は勝つことではなく、被害を最小化することです。「どうやって勝つか」と「どうやって負け幅を小さくするか」

とでは頭の使い方が違います。

勝つ時にはそれほど頭を使う必要はありません。潮目を見はからって、勢いに乗じればよい。でも、負けが込んできた時に被害を最小化するためにはそのようなタイプの頭の使い方では間に合わない。もっと非情緒的で計量的な知性が必要です。「勝ちに不思議の勝ちあり　負けに不思議の負けなし」というのは『甲子夜話《かっしやわ》』で知られる松浦静山《まつらせいざん》の言葉です（野村克也監督がしばしば引用したことで知られておりますが、もとは剣術の極意について述べたものです）。なぜ勝ったのかわからない勝ちがある。けれども、どうして負けたのか理由がわからない負けというものはない。勝ちはしばしば「不思議」であるけれど、負けは「思議」の範囲にある。だから、後退戦で必要なのはクールで計量的な知性です。まずはそれです。イデオロギーも、政治的正しさも、悲憤慷慨も、愛国心も、楽観も悲観も、後退戦では用無しです。ステイ・クール。頭を冷やせ。大切なのはそれです。これからの急激な人口減はもう止めることができません。それによって社会構造は劇的な変化を強いられます。いくつもの社会制度は機能不全に陥り、ある種の産業分野はまるごと消滅するでしょう。それは避けられない。でも、それがもたらす被害を最小化し、破局的事態を回避し、ソフトランディングするための手立てを考えることはできます。それがまさに「思議」の仕事です。そして、この論集ではそのような「思議」の営みがいくつか示されることになります。

雇用環境の劇的な変化を前に何ができるか

以上が僕の予備的考察です。紙数はもう尽きているのですが、「ソフトランディング」のための具体的な提言を一つだけ示して、議論の材料にして頂ければと思います。それはもっぱらこの論集を読んでくれる若い読者のためのものなのですけれど、これから雇用がどうなるかということです。どういう産業分野が生き残れるのか、どういう専門的な知識や技術がこの後有用とされるのか、どういう資格や免状を持っていれば「食っていける」のか。これは若い人たちにとっては切実な問いだろうと思います。それについて個人的な意見を述べてみたいと思います（といっても、ここまで書いてきたこともすべて「個人的な意見」なんですけれど）。

世界的な規模の人口減とＡＩの導入と脱グローバル化（「なんとかファースト」主義のことです）がどういう産業構造の変化をもたらすかについては誰もたしかな予測を立てることができません。とりあえずどの国ももう経済的成功について楽観することはできなくなりました。アメリカもロシアも中国も日本もトルコも、為政者たちは対外的な冒険主義によって敵対的な地政学的環境作りに熱心に取り組んでいますが、それはにべもない言い方をすれば、経済問題に対して国民が関心を持たないようにするためです。国民の目を「派手な」外交問題や軍事問題や国内のイデオロギー的対立に集中させることによって、来るべきリセッションについて考えないように仕向けるためです。けれども、この経済的苦境を自明の与件として受け入れ、その上で「低成長」「ゼロ成長」の経済システムをどうやって構築するかについての非情緒的で計量的な議論を始めている人たちもいます。

僕が最近読んだ中でとりわけ興味深かったのは『フォーリン・アフェアーズ・リポート』２０１７年６月号が掲載していた「オートメーション時代の失業と社会保障」というエコノミストたちの対談でした。出席者たちはＡＩの導入によってアメリカの雇用環境が劣化してゆくことについては全員が同意見でした。これまでコストカットのために海外にアウトソースした雇用は製造業もサービス業ももうアメリカに戻ってくることはない。単純なルーティン・タスクを行っていた人たちは雇用を失う。機械によっては代替し得ない種類の業種（高度専門職と対人サービス）はテクノロジーの影響をあまり受けないので、結果的に少数の高賃金のテクノクラートと、看護や介護など低賃金・重労働のサービス業従事者だけが両極に残って、中間層の雇用が空洞化する。そこまでの見通しそのものは日本と変わりません。ただ驚いたのは、雇用崩壊への対応策として、エコノミストたちが真剣に最低所得保障（ベーシックインカム）や雇用保障の導入を検討していたことです。

アメリカでも、大量の労働者が短期間に失職する可能性があります。その場合、失業者たちが再就職のための訓練プログラムを受けて新しい知識やスキルを身に着ける間の生活保障は国がしなければならない。彼らを路上に放り出すわけにはゆかないという点については出席者の全員が同意していました。アメリカのエコノミストはずいぶん常識的だなと思いました。日本でしたら、「失業したのは、ＡＩが導入されたとたんに雇用が消失するような先のない業界に就職した本人の先見性のなさのせいである。自己責任で失職した人間の救済のために税金を投入するべきではない」というようなことを言い募る人間が政治家にも官僚にも学者にもジャーナリストにもいくらでもいるでしょう。

もちろんアメリカでも政治家に対する期待は決して高くはありません。社会保障と雇用創出は、為政者が強い意志をもって取り組まない限り決して実現しない政治課題ですが、とりあえずトランプ政権はそういう政治課題には全く関心がなさそうです。

日本の雇用状況はこれからどう変化するのでしょうか。変数が多すぎて予測は困難です。でも、雇用環境がこれから良くなるということはありえません。雇用が大量に消失する業界はどれかについてもある程度の見通しは立ちます。けれども、誰も口に出しては言わない。それが「自分の業界」である可能性がある場合はなおさらです。

雇用消失リスクが高いのは銀行だと言われています。実際に僕が見聞している範囲でも、地方銀行や信用金庫の場合はもう「する仕事そのものがない」という現実があって、若い人たちはどんどん逃げ出しているのだそうです。

新聞とテレビも雇用喪失のリスクは高い業界です。それはこれらのメディアが「労働需要がどう変化し、どの業界の雇用が消失するのか」という喫緊のテーマについてほとんど何も報道しないという事実から推察されます。

　統計によると、日刊紙の発行部数は激減しており、読者層の高齢化も進行しています。発行部数そのものは１９９７年の５３７７万部から、２０１７年の４２１３万部まで１１６４万部減少しました。20年間で22％の減です。でも、それ以上に深刻なのは閲読率です。電子版も含めて一日に15分以上新聞を読んだ人（「購読した人」ではありません）の割合を示す新聞閲読率は２０１５年の調べで10代が４％でした（平日・男性。以下同）。40代でも20％。70歳以上が閲読率66％でこの年齢層がかろうじて新聞というビジネスモデルを支えていることがわかります。おそらくあと10年ほどで全国紙は収益事業としては終わるでしょう。不動産収入がありますから、しばらくは赤字のままでも新聞発行は続けるでしょうけれど、その先はありません。

　全国紙の消滅は日本社会における国民同士の意思疎通や合意形成プロセスにきわめて大きな影響をもたらします。それをどう先延ばしするか、全国紙が消失した後に、その機能を代替しうる国民世論のためのプラットフォームをどうやって構築するか、これはいずれもきわめて重要な国民的課題です。しかし、この課題を正面から取り上げた全国紙を僕は見たことがありません。自分たちの業界そのものが消失するかも知れないという現実を報道できず、分析できず、対策を講じられないメディアが、自分のところ以外の業種の雇用消失についてだけは適切な報道をするという考え方に僕は与《くみ》することができません。自分がその当事者であり、まさに自分の足元が崩れつつある事態について、一歩退いて、おのれの利害損得のことをとりあえず棚上げして、冷静な観察と分析ができるかどうか、そこが知性の見せ所だと僕は思います。でも、今の新聞にそのような知性を感じることは僕にはできません。とりあえず新聞は（新聞というメディアの消滅を含む）これからの雇用環境の変化については結局最後まで適切な報道を行うことができないでしょう。ですから、これから世界がどうなるのかを知ることが死活的に重要である10代、20代の人たちがまったく新聞を読まなくなったというのは当然だと思います。だって、そこには彼らが知りたいことが書いてないんですから。

新聞と並んで民放テレビが末期的であるというのは、そのコンテンツの絶望的な劣化から知れます。僕のように幼児期から熱心なテレビ・ウオッチャーであった人間からすると今のテレビは僕が知っている50〜60年代のテレビメディアとはまったく別の物です。今のテレビには冒険心も批評性も創造性も何も感じられない。僕自身はもう10年近くほとんどテレビを見ていません（自分でつけて見るのは台風や大雪の時の気象ニュースと選挙の開票速報くらいです）。僕のまわりにも毎日一定時間テレビを見るという人はもういません。知り合いの若い夫婦は先日引っ越しする時に、邪魔なのでテレビ受像機そのものを捨てたと言っていました。

ＣＭを流す代わりに無料で良質なコンテンツを配布するという民放のビジネスモデルは20世紀で最もすぐれた発明の一つだったと思いますが、そのモデルがとりあえず日本では終焉を迎えつつある。コンテンツの劣化がさらに進み、まともな企業が広告出稿を控え、チープなCMだけが増えてゆき、ある閾値《いきち》を超えた時点で（30分番組のうち15分がCMというようなことになった時に）不意にテレビはその歴史的役割を完全に終えることになるでしょう。

その危機感は当然テレビの世界の人たちには共有されているはずです。でも、厳しい現実を正面から受け止めて、生き残りのために何をなすべきかという真剣な議論を（局内の一部では行われているでしょうけれど）、私たちはテレビ画面では見ることはできません。テレビの空洞化という重大な問題をテレビが俎上に載せて吟味することができないという事実そのものがテレビメディアの終焉の近いことを告知している。

メディアのうちでは出版界だけがもう少し淘汰圧に抵抗できそうです。それは「出版危機」という苦境を早くから素直に報じ、それが何を意味するかについて語り、出版事業が停滞した場合に社会がどうなるかについて予測を立て、警鐘を鳴らしてきたからです。でも、それができたのは、おそらく出版事業が全国紙の発行や全国ネットのテレビ制作に比べて圧倒的に予算規模が小さいからです。多少無理をすれば、身銭を切ってでも、赤字覚悟でも、手売りでも、本や雑誌は出せます。資本主義が始まる前から本を書き、印刷し、頒布するというシステムは存在していたわけですから、資本主義の終焉と一蓮托生で共倒れする義理はない。出版は今とは別のかたちになっても必ず生き延びる。僕はそう思っています。ただ、そこが十分な雇用を創出するとはとても思えませんけれど。

マスメディアが社会的影響力を失うと、それに連動して、広告代理店をはじめメディア周りの雇用が消失してゆくことになるでしょう。どういう業種が、どういう順番で雇用危機を迎えることになるのか、そこまでは予測できません。

最後に生き残るシステムとは

人口減少社会における雇用環境の変化についてそれ以外で言えることは、大きなマーケットを前提にした大量生産・大量流通・大量消費・大量廃棄というビジネスモデルはいずれも早晩退場を余儀なくされるだろうということです。人口減に加えてＡＩの導入による雇用の空洞化で市場が縮減し、消費活動が低迷することが高い確率で予測される以上、どうしようもない。

アメリカではこれから雇用が増えるのはきめ細かな対人サービス部門だけだという予測が語られていましたが、日本では看護介護という対人サービスを含む「高齢者ビジネス」と「貧困ビジネス」という二分野が活気づくと思われます。とはいえ、後者にはあまり先行きが期待できません。高齢者の増減は自然過程ですが、貧困者というマーケットの増減には人為がかかわるからです。

貧困ビジネスというのは、「日本国民の多くが貧困者である場合の方が、そうでない場合よりも利益が上がる」ように設計されたモデルです。だから、貧困ビジネスのプレイヤーたちはいつの間にか「できるだけ多くの日本国民が貧乏になること」を願うようになる。いくら貧困者を支援しているという大義名分があっても、「もっと貧乏人が増えますように」と心に思うことは止められません。そして、当然ながら、そう願う人が増えれば増えるほど日本人はさらに貧しくなり、市場は縮減し、消費活動は一層冷え込む。

金融経済の方もあまり希望は持てません。「金で金を買う」タイプのさまざまなマネーゲームも、今は巨大な規模の経済活動ですけれど、先行きは見えません。マネーゲームというのは、率直に言えば、価値あるものは何も生み出すことのないただの「博打」です。玄人だけでは場が立たない。一攫千金《いっかくせんきん》を夢見て、額に汗して働いて得たなけなしの金を握りしめてやってくる素人たちからシステマティックに巻き上げることではじめて場が立つ。マネーゲームをコントロールしているのは高度のスキルを持った金融テクノクラートですけれど、それを駆動させているのは「一攫千金を夢見るふつうの人の射幸心」です。ですから、素人が「そんなうまい儲け話があるわけない」と夢から覚めて、我に返れば、そこでマネーゲームは終わります。玄人だけでのマネーゲームは「旦那が誰も来ないプロの博徒だけの賭場」のようなもので、ただの「毟《むし》り合い」です。

いや、一攫千金を夢見ること自体は別に悪いことじゃないんです。夢見て、煮え湯を飲まされて、夢から覚めて、それで「人というものは」についてそれなりの腹にこたえる知見が得られるなら、それも一つの修行ですから。でも、それを経済活動の中核にすることはできません。

人類学的に言えば、経済活動というのは親族形成や言語によるコミュニケーションと同じく恒常的な交換のサイクルを創り出すことで人間の成熟を支援するための仕組みです。別に世の初めからあったわけじゃないし、天から降ってきたわけでもない。人間が自力で創り出したものです。

少し考えればわかるはずですが、経済活動を安定的に行うためにはまず市場、交通路、通信手段、共通の通貨・言語・度量衡・商道徳などを整備する必要があります。経済活動の安定的なプレイヤーとして認知されるためには、契約を守る、嘘をつかない、利益を独占しないといった人間的美質を具《そな》えている（と思われている）必要がある。

マリノフスキーが報告しているトロブリアンド諸島の「クラ交易」は経済活動の本質を凝縮したような仕組みです。この交易でやりとりされるのは貝殻でできた装身具です。でも、小さくて装用できない。使用価値ゼロです。でも、それを交易するために巨大な経済システムが構築されている。トロブリアンド諸島の人たちは隣接する島々にまず交易相手である自分の「クラ仲間」を作ります。全島は潜在的には敵対しているという「お話」になっているので、他の島を訪れた時の安全を保障してくれるのはその島にいる「クラ仲間」です。自分の「クラ仲間」がそれぞれの島内で地位が高く、人望が篤ければ、それだけ自分の滞在は安全かつ快適なものになる。ですから、他の島から訪れてくる「クラ仲間」に今度は自分がそれなりの待遇を保証するためには、自分自身の島内における地位を高め、人望を集めておく必要がある。周りから「いい人」「誠実な人」「言葉を違《たが》えない人」と思われる努力を怠る人間はクラ交易から脱落する。それだけではありません。船を操って安定的な交易を行い続けるためには、造船技術、操船技術、海洋や気象についての知識やタフな交渉力や異論との合意形成能力も必要になる。使用価値ゼロの装身具を交換するために営まれるこの大がかりな活動のうちに経済の本質はすべて書き込まれていると僕は思います。

経済活動とは人間の社会的成熟を支援するためのシステムです。だから、人間の社会的成熟を支援するという機能を持たない活動は、そこでどれほどの金額の、どれほど大量の商品やサービスが行き交っても、それは言葉の厳密な意味での「経済活動」とはもう呼ばれない。その点について言えば、金融経済はすでに経済活動の体をなしていないと僕は思います。ヘッジファンドで株や為替の取引をしているのは生身の人間ではなく、1000分の1秒単位で作動するコンピュータのアルゴリズムです。人間はもうプレイヤーでさえない。人間の成熟のために創り出された制度が、その本来の使命を忘れて奇形化したのが金融経済です。だから、論理的に言えば「金で金を買う」マネーゲームには人類学的には存在理由がありません。人類学的に存在理由がないものが惰性で生きている。「ゾンビ経済」という言い方をする人もいますけれど、なかなかその直感は侮れません。人間にとっての存在理由を見失ったままシステムだけが自己延命・自己増殖している。果たしてそれが永遠に続くものかどうか。僕は懐疑的です。

というのは、あらゆる社会制度は人間の積極的関与を必要としているからです。人間の生身が備給する生体エネルギーなしには、どのような精緻で巨大なシステムであっても動き続けることはできません。

人が住まなくなった家はわずかな期間で廃屋になります。庭に雑草が生える、ペンキが剝げるというレベルではなく、屋根瓦が崩れ落ち、柱が傾《かし》ぐ。それを見ると、家というのは中に住む人間の「生気」を滋養にして建っていたんだなということが実感されます。お寺でもそうです。住職や堂守がそこに住んで生活している寺社と無住の寺社は外からでもすぐに見分けがつきます。単に清掃ができているとか、セキュリティがしっかりしているということではなくて、人間がそこで暮らしていないと無生物である建物でさえ生気を失い、「死物」化するということです。それは人間の作り出したすべての制度について言えるだろうと僕は思っています。

人間がそこにいて「生気」を備給しているシステム、それを維持するためにプレイヤーたちが人間的成熟を求められるようなシステム、プレイヤーたちが「いい人」「誠実な人」「言葉を違えない人」だと周りから思われることがその維持に不可欠であるようなシステム、それが最後に生き残るシステムです。同意してくれる人は少ないかも知れませんけれど、僕はそう考えています。

若い人がこれからどういう業種業界に就業するのか決める時には、この条件を満たすかどうかが一つの基準になると思います。どういう仕事がこの基準をクリアーするか、それはひとりひとりが具体的な状況に身を置いて、身銭を切って検証するしかありません。

以上、人口減少社会における雇用環境の変化についての個人的な見通しを述べてみました。改めて申し上げますけれど、悲観的な見通しを持つことは必ずしも思考停止を意味しません。むしろ活発な想像力と推理力を要求すると僕は思います。これからこのきびしい時代を生き延びなければならない若い人たちの健闘を祈って序論を終えたいと思います。

ホモ・サピエンス史から考える人口動態と種の生存戦略

池田清彦

１０４７年東京都生まれ。生物学者。東京教育大学理学部卒業。東京都立大学大学院生物学専攻博士課程満期退学。理学博士。山梨大学教育人間科学部教授、早稲田大学国際教養学部教授を経て、２００４年より山梨大学名誉教授、２０１８年より早稲田大学名誉教授。構造主義生物学の地平から評論活動を行う。著書に『構造主義生物学とは何か』『構造主義と進化論』などがある。

キャリング・キャパシティと人口動態

巷では、日本のような人口減少社会では、少子高齢化にどう対処するかが喫緊の問題として取り上げられることが多いが、50年~100年というスパンで見ると高齢化はあまり問題ではないだろう。私は今70歳だが、あと30年もすれば、私を含めて現在の年寄りはほぼすべて死に絶えてしまうわけで、高齢に偏っている人口分布は解消されて、少子化と人口減少だけが残るだろう。果たしてそうなった時に人々の暮らしとそれを支える社会システムはどうなっているだろう、というのが本書のテーマであるが、拙論では人口動態に関する生物学的な前提と、それに絡めて人口動態をめぐる人類史と、その果てに辿り着いた人口減少社会について私見を述べてみたい。

動物の個体群動態(人類の場合は人口動態)を考える上で、一番重要な概念はキャリング・キャパシティ(環境収容力)である。ある地域で、ある種が維持可能な個体数の上限のことだ。気候条件と生息場所の構造、食物供給量で規定されるが、通常、キャリング・キャパシティまで個体数が増えることはめったになく、他種による捕食や寄生、伝染病の蔓延、生態的地位(ニッチ)が近い他種との資源をめぐる種間競争などによって、実際の個体数はキャリング・キャパシティのずっと下方に抑えられているのが普通である。昆虫や魚のように世代が短い動物は、人間のスケールで見ると、時に爆発的に大発生するが、多くの場合、これはキャリング・キャパシティが変動したのではなく、キャリング・キャパシティに近づくのを妨げていた要因の抑圧がなくなったためである。

例えば、青森県の弘前市で、2011年と2012年を中心に前後数年にわたってアカシジミという小型の蝶が空を覆いつくすほど大発生したことがある。原因は定かではないが、大発生を妨げていた何らかの制限要因（例えば寄生者の存在）が消えた結果であることは間違いない。これとは逆に、ミノムシ（オオミノガ）は、日本では、かつては北海道を除く各地にごく普通に見られたが、1995年頃を境に激減してしまった。これは、オオミノガヤドリバエという寄生者が中国から侵入したためと考えられている。これは、強い制限要因により、個体数がキャリング・キャパシティのはるか下方で抑えられている例である。

さて、人類も農耕を始める前まで、すなわち1万年前までは、人口動態に関してはほとんど野生動物であった。キャリング・キャパシティを決定する気候条件、生息場所の構造、食物供給量を自分たちで好転させることができなかったからだ。最古のホモ・サピエンスのものと思われる約30万年前の化石が最近モロッコから見つかって、現生人類の起源は従来考えられていたものより、10万年も遡った。しかし、それでも現生人類は他の動物に比べてごく最近出現したことに変わりはない。初期の頃は大型の肉食獣たちに食われたりしたことも多かったに違いなく、人口がキャリング・キャパシティまで達することはなかったろう。利用可能な食物量は天候により左右されるので、それに従って人口も変動したと思われる。昆虫などに比べて世代が長いので、急激に人口増減を繰り返すことはなかったであろうが、人口動態（個体群動態）のパターンは野生動物のそれと同型であった。

付言すれば、感染症の流行が人口の増加の制限要因として働くことはなかったはずだ。当時の人類はバンドと呼ばれる50人～100人くらいの小集団で暮らしていて、このような生活形態であると、人類特有の感染症は存在できないのである。仮に、病原体が集団に侵入してきたとしよう。多くの人は感染症に侵されて、死ぬか治るかして、病気の人は集団の中から消えてしまう。同時に感染症の病原体も消えてしまうのだ。人類特有の感染症が存在するためには、感染可能な集団の中の誰かが常に病気である必要があるのだ。これは、集団がある程度以上大きくなって初めて可能になる。当時の人々は破傷風とか、人獣共通感染症で死ぬことはあっても、天然痘とか麻疹とかの人類固有の感染症では死ななかったのである（というよりも、そういった感染症は存在しなかった）。感染症の大流行が人口動態に影響を及ぼすのは、農耕を始めて集団がある限度以上大きくなってからなのである。

ホモ・サピエンスの性的パートナー選びはかなりいい加減

アフリカで野生動物として暮らしていた初期ホモ・サピエンスの人口がどのくらいで

世界人口の推移と推計

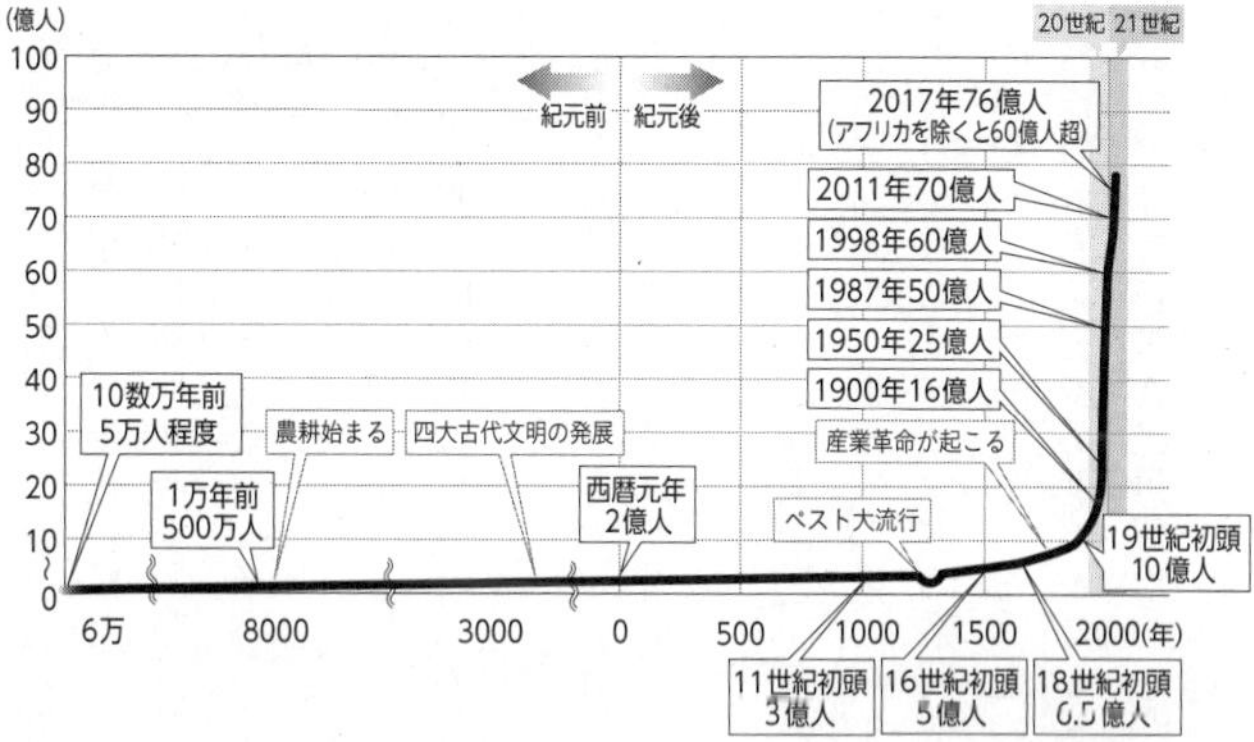

「世界人口推計2017」(国連人口部)、「世界の統計2017」(総務省統計局)などを元に作成

あるかは厳密にはわからないが、現代人のDNAの多様性の解析からせいぜい5万人くらいではなかったかと考えられている。ホモ・サピエンスの一部は10万年前〜6万年前にアフリカを出立してユーラシアに進出した。その中の数千人からせいぜい1万人程度の人たちがアフリカ以外の全世界に拡散したすべての現代人の祖先とみられている。その人数は今や60億人以上に達しているわけだから、その繁殖力はすさまじいと言わねばならない。

特筆すべきは、ユーラシアに進出したホモ・サピエンスは先住人種であるネアンデルタール人やデニソワ人と交雑したことだ。ネアンデルタール人のDNAは60億人超のゲノムすべてに混入していると考えられているし、メラネシア人やチベット人のゲノムにはそれに加えてデニソワ人のDNAも混入している。これらのＤＮＡは現在もなお淘汰されないで生残しているところを見ると、その後の現代人の進化史にとって、何らかの適応的な機能に関連があったと思われる。恐らくネアンデルタール人から引き継がれて今もゲノムに存在するＤＮＡは耐寒能力に関連していると思われ、チベット人に混入しているデニソワ人のＤＮＡは高地適応に関連しているのであろう。

さらに興味深いのは、ホモ・サピエンスは性的なパートナーを選ぶ際に相当程度見境がないことだ。肌の色はもちろんのこと、体形などが少々異なっていても気にせずにセックスしたのであろう。ヒュー・パタソンというオーストラリアの学者は、種の定義として認知的種概念を提唱した。お互いに相手を性的な対象と認知すれば同種ということだ。この定義に従えば、レイプをしたのでない限り、ホモ・サピエンスと先住人種は同種ということになる。

ちょっと面白いのは今生き延びている現代人の祖先になったのは、ホモ・サピエンスの女とネアンデルタール人の男のハイブリッドで、ホモ・サピエンスの男とネアンデルタール人の女のハイブリッドの系列や、純血を守ったホモ・サピエンスの集団（いたとしての話だが）は絶滅してしまったのだ。なぜそんなことが分かるかというと、現代人には当時のネアンデルタール人のミトコンドリアＤＮＡの痕跡は認められないからだ。ミトコンドリアＤＮＡは母親からしか伝わらないので、現代人の母系をたどってもネアンデルタール人の女には行き着かないのだ。母系をたどれば、すべてホモ・サピエンスの女に行き着く。一方で核のＤＮＡにはネアンデルタール人由来のものがあるということは、我々の祖先の中に、ネアンデルタール人の男とホモ・サピエンスの女のハイブリッドがいたわけだ。赤子は母親が属する集団で育てられたであろうから、ホモ・サピエンスの男とネアンデルタール人の女のハイブリッドの子孫はネアンデルタール人の滅亡と運命を共にしたに違いない。

ネアンデルタール人はホモ・サピエンスより骨格筋が発達していて、男の平均体重は80kgに近かったというから、華奢なホモ・サピエンスの女が強姦されてしまったのだと考えることもできなくはないが、私見ではほとんどのセックスは合意の下に行われたに違いないと思う。ホモ・サピエンスの女がネアンデルタール人の男に強姦されたとなれば、ホモ・サピエンスのバンドは女がネアンデルタール人と接触しないように警戒するであろうし、場合によってはネアンデルタール人に対する報復も起こったかもしれない。ネアンデルタール人ばかりでなくデニソワ人のＤＮＡが現代人の中に混入していることから、先住人種との交配はそれほど稀な出来事ではないと考えられ、その多くは合意の下でのセックスであったと思われる。先に述べたように、ホモ・サピエンスの性的パートナー選びはかなりいい加減なのだろう。このことは将来の人口動態を考える上で大きなポイントの一つとなるが、それについては後述しよう。

人を含め高等霊長類の脳にはミラーニューロンという領域があり、対面した際に、他者の意図の理解や、好悪の感情に対する共感などの機能を有すると考えられている。ミラーニューロンはブローカ野やウエルニッケ野といった言語中枢の近傍にあると考えられ、言語の習得に際しても大きな役割を果たしていると思われるが、コトバを介さなくても働くわけで、コミュニケーション能力としては言語に先行するさらにベーシックなものと考えられる。

ネアンデルタール人がコトバを喋れたかどうかについては議論があるが（喉頭の位置が高くて喋れなかったという説もあるが、舌骨の形や、言語機能に強く関連しているFOXP2という遺伝子が、共にホモ・サピエンスと同じであることから、私見では大声で喋れなかったにせよ、コトバを喋れたに違いないと思っている）、喋れたとしてもホモ・サピエンスとの間でコトバが通じなかったことは間違いなく、合意のセックスをするほどのコミュニケーションが可能であったのは、ミラーニューロンの機能がほぼ同じであったためであろう。当時は、まだ文字言語がなく、コミュニケーションも情報伝達も対面で行うほかはなく、たとえコトバを使ったとしても、ミラーニューロンが介在したに違いない。集団が大きくなって、文字言語により情報伝達が行われるようになったのは農耕を始めた以降の話なのだ。私見によれば、ミラーニューロンを介在させない文字言語のみによる情報伝達は戦争の原因の一つであるが、それについても後述しよう。

生物はストレスが閾値を超えると移動する

　さて、ホモ・サピエンスは10万年前〜6万年前に恐らく何回にもわたってアフリカからユーラシアに渡ったが、何がその原動力になったのだろう。キャリング・キャパシティに対して人口密度が相対的に大きくなったというのが大きな原因であることは間違いないが、ストレスが大きくなった時に慣れ親しんで住んでいたところを離れてどこか遠くに行こうという衝動が起きるというのも、もう一つの原因ではないだろうか。多くの動物は、獣も鳥も昆虫も生息場所に関して保守的である。生息地の密度が高くなって飢えに直面しても、新天地を求めて飛び出す動物は多くない。

　よく知られているように、トノサマバッタやサバクトビバッタは高密度になると、遺伝子は変わらなくとも、エピジェネティックな変異により、オリジナルタイプよりも、体形がスレンダーで、体色が黒く、翅が長い、群集相と呼ばれる成体に育ち、群れを成して元の生息地を飛び出し、当てのない旅にでる。哺乳類でもレミング（タビネズミ）は生息地が過密になると、集団で大移動を行うことが知られている。どちらも、生息地を離れた個体の運命は大方悲惨で、死に絶えてしまうことが多いが、少なくとも、密度を減らしたおかげで、元の生息地に残った子孫は飢え死にすることはない。動物の中には、こういった行動が生得的に組み込まれているものがいるのだろう。もちろん中には移動が成功する動物もいて、こういった動物は広域分布種になっていったと思われる。ホモ・サピエンスはその好例なのだ。高等霊長類でもチンパンジーやゴリラはアフリカを出なかったが、ホモ属はホモ・エレクトスもネアンデルタール人もアフリカから出立してユーラシア大陸に拡がっていったのだから、ストレスが閾値《いきち》を超えたら移動するという性質を持っているのだろう。

アフリカを出てユーラシアに進出したホモ・サピエンスは、定着した土地のキャリング・キャパシティに応じて人口を増やしていった。約7万年前に認知革命が起こり、ホモ・サピエンスが急に賢くなったという説を信ずれば、狩りの技術も向上して獲物を効率よくとれるようになり、食物供給量が増え、人口はキャリング・キャパシティ近くまで増大していった。しかし、狩りの技術の向上は、持続可能な範囲を超えて獲物を獲り過ぎることに繋がるわけで、余剰な人口は次の新天地を求めて旅立っていったと思われる。ネアンデルタール人をはじめとする先住人種はセックスの相手であると同時に、食物の分捕り合戦では競争相手でもあった。恐らく、ネアンデルタール人は新しく侵入してきたホモ・サピエンスに獲物を横取りされて、食料不足により、徐々に衰退していったのだろう。時代は約7万年前から始まり約1万年前に終わったウルム氷期（最終氷期）の只中で、暖かい時期と、寒い時期が周期的に繰り返した。寒冷化した時には植物の生産量が落ち、獲物となる動物の個体数も減少したであろうから、自分たちより獲物を獲るのが上手いライバルが出現したネアンデルタール人は飢えに直面し、絶滅を余儀なくされたに違いない。

もちろん獲物不足に直面したのはホモ・サピエンスとても変わりはなく、余剰の人口はイチかバチか、新天地に向けて生き残りを賭けた旅に出たのであろう。アフリカを出たホモ・サピエンスは8万年前〜7万年前までには東南アジアに達して、そこから約6・5万年前にはオーストラリアに侵入し、西方では4万年前までにはヨーロッパに進出した。ホモ・サピエンスは東南アジアからさらに北方に進出して3万年前〜2・5万年前にはアジア中央部に達した。日本に侵入した時代は定かではないが、少なくとも3・5万年前〜2・5万年前までには日本列島に上陸した。北アメリカには1・5万年前に、そこからさらに南アメリカには1・2万年前に到達した。かくして1万年前までには極寒の地や砂漠を除くほとんどすべての土地にホモ・サピエンスは居住するようになったのである。

狩りの技術が向上したホモ・サピエンスが侵入すると、大型で目立つ動物は狩り尽くされていった。アジア北部ではケナガマンモスが、南北アメリカではコロンビアマンモス、マストドン、アメリカライオン、スミロドン、オオナマケモノなどが人類によって滅ぼされた。ユヴァル・ノア・ハラリの『サピエンス全史』によれば、ホモ・サピエンスがアメリカ大陸に渡ってきてから、2千年も経たないうちに、北アメリカでは大型哺乳類の47属中34属が、南アメリカでは60属中50属が滅んだという。オーストラリア大陸での大型動物の絶滅もすさまじく、巨大なフクロライオンや、ダチョウの2倍もある飛べない鳥や、小型自動車ほどもあるカメなど、大型動物の大半がホモ・サピエンスの到着後に絶滅した。南北アメリカでの絶滅の時期は最終氷期の最後に当たり、気候変動が激しくその影響もないとは言えないだろうが、人類の侵入が最大の原因であったことは確かであろう。

農耕社会の出現によるドラスティックな変化

凡そ1万年前、人類の人口は500万人くらいであったと言われている。アフリカからユーラシアに渡ってきた祖先の人数が1万人として、500倍に増えたわけだ。人口が増加すれば集団は当然食糧難に陥る。そこで、人類は二つの選択をした。一つは、人口をこれ以上増やさないで狩猟採集生活を守る。一つは増えた人口を養うために農耕を始める。前者を選んだのは、オーストラリアに進出したホモ・サピエンス（現在のアボリジニの祖先）と、アマゾンなどの熱帯降雨林に棲みついた一部のホモ・サピエンスである。それ以外の土地のホモ・サピエンスは1万年前～5千年前までの間に、ほぼ独立に農耕を始めたのである。この選択の違いは、農耕を始めなかった土地では、栽培可能な植物も、飼育可能な動物も見つからなかったからだろう。

狩猟採集から農耕へという生活様式の変換は人口動態をドラスティックに変えた。狩猟や食べられる植物の採集には動植物の生態に関する深い知識が必要で、未熟者は役に立たない。必要以上に子供が増えてもバンドの全員に行き渡るほど食物を確保することはできず、バンド全体にとっていいことはないのだ。必然的にバンド内の成員の数は制限され、成員間のコミュニケーションは音声言語とミラーニューロンで事足りて、文字言語を使う必要はなかった。狩猟採集生活をつい最近まで続けていたアボリジニには文字がない。

一方、農耕を始めた人類はどうなったかというと、耕地が増えれば食料も増え、より多くの人口が養えるので、天から与えられたキャリング・キャパシティによって人口の上限が決まるという生態学的なくびきから多少は自由になった。別言すれば、自らの努力によりキャリング・キャパシティを増やすことができるようになったのである。ここに、人類は初めて野生動物を脱したのである。狩猟採集生活では、人口がキャリング・キャパシティを突破すれば、生態学的な罰を受けて人口は減少せざるを得ない。農耕生活では人口が増えれば、増えた人口によって新たな農地を開墾することができる。人口増↓食糧増産↓更なる人口増↓更なる食糧増産というポジティヴ・フィードバックがかかり始めたのだ。これは1万年前以降の人類の人口動態のプロセスそのものである。

それでは、農耕を始めた人類は狩猟採集時代よりハッピーになったかというとそんなことはなさそうだ。狩猟採集民は、それぞれ得意な分野を持っていて、食物を得るには知識と技術が必要で、単純労働はあまり多くない。一方、農耕は、耕地を作る技術とか、どんな作物をいつ植え付けるとか、といった高度な知識を持つ人はごく一部でよく、残りは単純なルーティンワークである。子供でも労働力になる。多産は基本的に善となったのである。少子化が悪いという言説は農耕民のイデオロギーなのだ。

狩猟採集生活では、上等な獲物を首尾よく仕留めたり、枝もたわわに実っている果樹を見つけたりした時の達成感は大きかったろうし、このような喜びをだれでもが味わうことができた。狩猟採集が上手くいけば、その日の労働は終わりだから、労働時間は僅かであったと思われる。朝から晩まで働き詰めの多くの現代人から見ると、うらやましい労働時間であったろう。実際、現在も狩猟採集生活を送っている人々の労働時間は驚くほど少ない。例えば、オーストラリアのアボリジニは、狩猟採集、食事の支度、道具の手入れをすべて含んでも、食物を摂るための労働時間は3〜5時間だという。他にも、カラハリ砂漠のクン・サン族でも、アマゾン先住民のヤノマミ族でも、1日の労働時間はせいぜい3時間程度である。食物はバラエティに富み、天変地異が起きない限り、優雅で健康的な生活である。これらの事から、先史時代の狩猟採集民の暮らしも結構優雅ではなかったかと推察される。

戦争の発生

さて、農耕を始めた人類は、働けば働くほど収量は増えたので、先に述べた、人口増→食糧増産というポジティヴ・フィードバックのシステムが一度確立してしまうと、働かざるを得なくなってしまう。「働かざる者喰うべからず」というかがわしい標語も農耕民のイデオロギーの産物であろう。野生の動植物の生産量の上前を撥ねている狩猟採集と違って、農耕は天候に左右され易く、ひどい凶作の時は人々は飢餓に直面したであろう。また、大豊作という僥倖の時も、他部族から襲撃されて略奪されるかもしれないという不安に苛《さいな》まれたかもしれない。農耕を始めて、余剰生産物の蓄えが可能になったのもまた、戦争の原因の一つである。

大凶作で、このままでは座して餓死を待つばかりとなった集落は、風のうわさでどこそこの集落には、結構蓄えがあるらしいと聞けば、イチかバチか襲撃して食物を奪おうと思うかもしれないし、逆に襲撃に備えて防御を固める必要もあったろう。農耕が始まった8千年前の中国で、すでに集落の周囲に濠をめぐらせた環濠集落が出現しており、日本でも、水稲耕作が伝わった後の、約2500年前の北九州で環濠集落が造られている。環濠の機能に関しては諸説あり、必ずしも防御目的とばかりは言えないかもしれないが、いずれにせよ、戦争がまれな出来事ではなくなったことは確かだろう。

戦争は、農耕が始まる前もなかったわけではないが、農耕を始めてから激増したことは間違いない。狩猟採集民のバンド間でも狩猟採集の縄張りをめぐって、抗争があったことは確かで、有名なのはケニアのトゥルカナ湖畔で約1万年前の27体の人骨が発見され、そのうち10体が暴力的に殺されていたという事例と、スーダンのジェベル・サハバ遺跡の、約1万2千年前の墓地から発掘された59体の人骨のうち、24体に暴力的に殺害された痕跡があり、その中には女や子供も含まれていたという事例である。一般に子供は、個人間の恨みなどでは殺されることはないので、これは集団間の抗争で、敵対する異集団をせん滅するための戦争があった証拠だろうと言われている。

しかし、これらの事例をもって、狩猟採集民のバンドは恒常的に戦争をしていたというわけにはいかない。日本の縄文時代（約1万5千年前〜2800年前）の人骨2576体を調査した研究があるが、そのうち受傷人骨は23体（0.9%）、その中に子供は含まれていなかったという。このことから、縄文時代の日本には、集団間の戦争はほぼなかったようだ（松本直子「人類史における戦争の位置づけ」『現代思想』2017年6月号）。

松本はこの論文で、ジェベル・サハバで集団間の戦争があった時代は、最終氷期の最後に当たって、気候が激変した時期で、集団間の資源争奪戦が厳しかったのではないかと述べている。いきなり飢えに直面したバンド同士の食料争奪戦は苛烈を極め、戦争という事態になったのかもしれない。少なくとも、飢えに直面していないバンド同士が戦争を起こすことは極めてまれであったのではないかと私は思う。同じ戦争というコトバで呼んでも、農耕革命が起こった後の戦争は、飢えに直面して、やむにやまれず起こさざるを得なかったものとは少しく異なる様相を呈するようになる。

狩猟採集時代には文字がなかった。バンドの中の成員の意思疎通は音声言語とミラーニューロンを使って行われ、明示的なルールはなく、ルールによって強制的に人を従わせることも当然なかったであろう。前記、松本の論文によれば、現代においても、平和的で戦争をしない社会は、小規模な狩猟採集社会で、親族関係が社会統合の原理になっている集団だという。子供のしつけは寛容で体罰がない。警察のような、社会の規範に個人を強制的に従わせるような組織はなく、お互いがそれをよいと思うか、悪いと思うかをベースとして社会は動いている。社会的な決定権はすべての大人にあり、男女とも同等の発言権を持っている。反対に戦争をする社会は、小さい時から厳しく社会のルールを教え込み、力によるコントロールが強い集団だという。

英国の人類学者ロビン・ダンバーは、互いに相手と親密な関係を築ける集団の構成員の上限は150人程度だという仮説を提唱した。これはダンバー数と呼ばれる。この程度の集団では、各人が個性を発揮して、自由にふるまっても集団のまとまりは保たれ、自律性と柔軟性が出現することが、人間ばかりでなく、動物においても見られるという（森山徹『モノに心はあるのか』を参照）。しかし、農耕革命が起こると、集団の人口はダンバー数をはるかに超えて拡大していった。集団を統制するために指導者が出現し、集団を統制するルールが造られ、ルールを記したり命令を伝えたりするための文字が発明された。文字は対面によるコミュニケーションを省いて、すなわち、ミラーニューロンを介さずに情報を伝達する手段であり、好悪や納得を抜きにルールや命令を守らせるためのツールとして機能した。もちろん、文字は知識を集積して次世代に伝える機能を持ち、概念を捏造して思想や宗教や科学の基礎ともなった。

天候に恵まれれば、農耕は余剰生産物を生み出したが、集団の成員に均等に分配されることはなく、集団の中で政治的な権力を握った指導者層が独り占めすることが普通になり、階級の分化が進んでいった。やがて、一般の人々は税という形で生産物を権力者に差し出さなければならなくなり、たとえ、飢えに直面しても、生産物の多くを権力者に召し上げられることとなった。狩猟採集生活から農耕生活に移行して、一般の人々の暮らしは悲惨になったのである。4千年前～3千年前に、貨幣が出現し、世界宗教が出現し、極端な階級社会である独裁的な帝国が出現した。階級社会は帝国からグローバル・キャピタリズムに姿を変えたが、前二者は現代社会にすっかり根付いている。現代人の多くはこれらの社会的な装置を普遍的なものと考えているが、4千年という歴史は、今のところ最古の人類と看做《みな》されている、サヘラントロプスが出現してから700万年の人類史の僅か0・057％、ホモ・サピエンスが出現してから30万年の歴史の1・3％に過ぎないのである。これから先、人類がどのくらい生き延びるか分からないが、そのことに思い至れば、未来の社会システムは全く異なるものにならないとも限らない。

むしろ、変わると考えた方が合理的だ。

先に、文字の発明が戦争の原因の一つであろうと述べた。1万2千年前のジェベル・サハバでの戦争の時、文字はまだなかった。子供も殺されていたことから、集団間の戦争には違いなかったろうが、食物の奪い合いに端を発するすさまじい憎悪が背後にあったのではないかと私は思う。いわば個人的な敵対関係から発展した殺人の延長線上の戦争だったのではないか。それに対し、農耕革命後の戦争は、ミラーニューロンが介在した個人間の憎悪とは無関係に、指導者の命令を順守する行動になっていったと思われる。ルールと命令が戦争を遂行させたのである。文字がなければ、国家とか敵とか神とかの概念を捏造することもなかったろうから、イデオロギーや宗教の違いに基づく戦争も発生しなかったであろう。

重要なのは、農耕革命後の戦争は、権力者の都合で行われたことだ。権力者には戦争をする何らかの理由があったろうが、兵士には戦争をする必然的な理由はほとんどなかったに違いない。一番一般的な戦争は、武力に勝る集団が、周辺の弱小集団に攻め入って土地を奪って、場合によっては敗れた集団の人々を奴隷にして、勢力を拡大するというったパターンであろう。かくして、一つの権力が支配する領土は平均的には拡大して大きな帝国が生まれてきた。一般の人々は、自らの与《あずか》り知らぬところで決まった開戦により、いきなり兵士として駆り出されたり、突然攻めてきた軍隊に殺されたりして、ほぼ平和に暮らしていた狩猟採集生活に比べれば、比較にならないほど不幸になったに違いない。尤《もっと》も、本人たちは狩猟採集生活の記憶はもちろんないので、何を考えていたかは知らないけれどね。

帝国が大きく強大になると小さな戦争はむしろ少なくなって、人々を苦しめたのは天候不順による凶作と疫病の流行だろう。しかしそれにもかかわらず、人口は基本的に増大傾向を止めることはなかった。大きな理由は農業技術の進歩と耕作地の開発によって、キャリング・キャパシティが増大したからである。約1万年前500万人だった世界人口は、西暦元年ごろには2億人に増加し、11世紀初頭3億人、16世紀初頭5億人、18世紀初頭6・5億人、19世紀初頭10億人、20世紀初頭16億人、現在は76億人である。日本

日本の人口の推移と推計

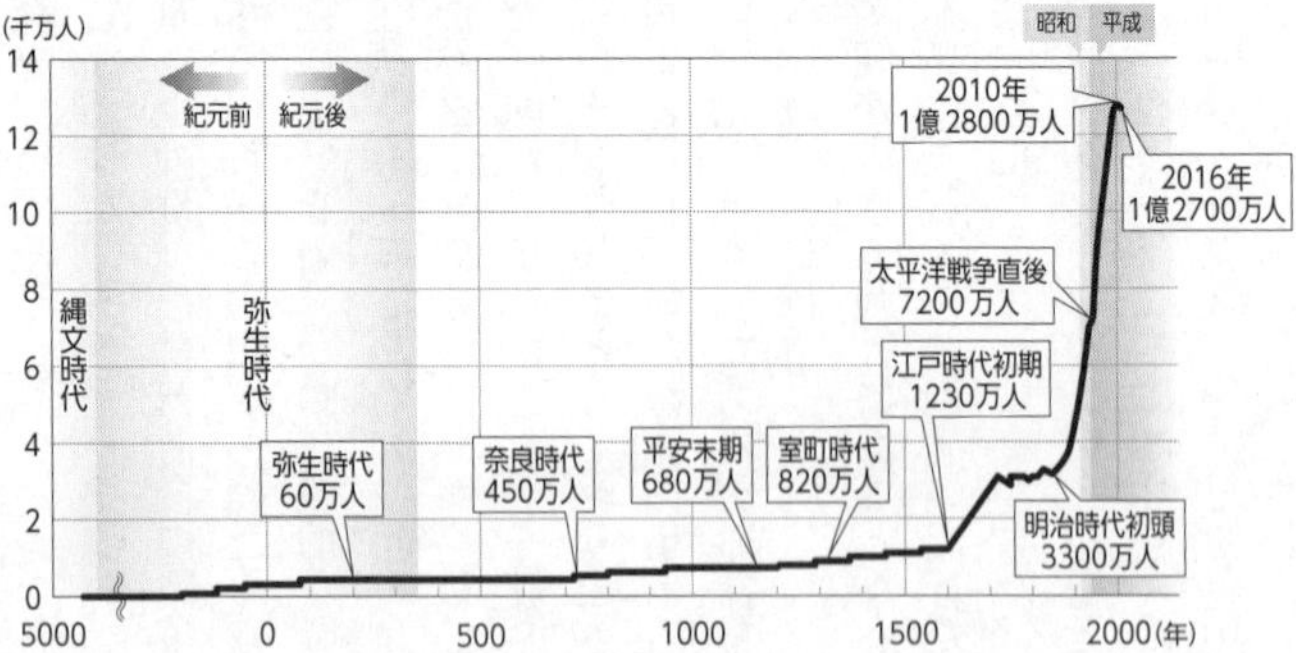

総務省統計局「国勢調査」などを元に作成

では弥生時代（１８００年前）60万人、奈良時代（西暦７２５年）４５０万人、平安末期（１１５０年）６８０万人、室町時代初期（１３４０年）８２０万人、江戸時代初期（17世紀初頭）１２３０万人、江戸時代中期（18世紀半ば）３１００万人、明治時代初頭（１８７０年）３３００万人、太平洋戦争直後（１９４５年）７２００万人、現在（２０１６年）１億２７００万人である（過去の世界人口や日本人口の推定値は研究者によってかなり異なり、ここに示したのも確立した推定値と思わないでほしい）。

産業の発展とグローバル・キャピタリズム

世界人口は18世紀初めまでは、飢饉や疫病の流行により時に減少することはあったろうが、全体としては比較的緩やかに増加した。しかし、

18世紀の半ばから加速度的に増大してゆく。産業革命が起こり、石炭、さらには石油が木炭に代わる有力なエネルギー源として登場し、それを利用できる科学技術が発達して、効率よく食料を生産できるようになり、人類のキャリング・キャパシティが飛躍的に増大したためだ。産業革命の結果、都市労働者が徐々に多くなり、これらの人々は食料生産に従事せず、賃仕事をして稼いだお金で食料を購《あがな》うようになり、貨幣経済が不可欠の社会的な装置となっていった。

またこの時期は資本主義が確立し、皇帝を頂点とした権力構造とは異なる、資本家と労働者という階級が生じた。資本主義は資本家が市場で労働者を雇って、利潤を追求するシステムで、資本（生産手段）の私有を前提とする。資本を持たない人は労働者となって、賃仕事で糊口を凌ぐようになったのである。資本主義はコストとベネフィットの差を極大化するように働く。労働者の賃金は最も重要なコストであるため、資本家はなるべくこれを安く抑えることを考え、儲けは資本家の富として蓄積される。この結果、資本家と労働者の富の格差は広がって、政治権力からの介入がない限り、少数の金持ちと大部分の貧乏人という社会構造が、ほぼ不可避に進行することになる。

多くの場合、政治的な権力は資本家と結託して、このプロセスを推し進める政治制度を整備するのに努力を傾けた。しかし、国民国家が成立し、多少とも民主主義的な政治体制になった国では、選挙権を持つ国民の多くは労働者であるため、資本家の儲けを極大化するシステムにはかなりのコントロールがかかることになる。当然、資本家は国民国家のくびきから逃れたいに違いなく、細かいことを省いてザックリ言えば、その結果、グローバル・キャピタリズムの登場ということになるわけだ。国家のシステムに妨げられることなく、自由に資本を動かして、資源と労働者を最も安いコストで使いたい。

但し、グローバル・キャピタリズムが成立するためには、人口と資源が右肩上がりで増え続ける必要があるのだ。資源の中で最も重要なのはエネルギーである。労働力と物資を国境に捉われずに自由に動かすためには、潤沢なエネルギーが必要であるし、農業も漁業も製造業もエネルギーがなくては立ち行かない。グローバル・キャピタリズムがエネルギーの確保に血眼になるのは故ないことではないのだ。片や人口はどうかと言えば、安い労働力を手に入れるためには労働人口が多ければ多いほど有難い。今や、ほとんどの先進国の政権はグローバル・キャピタリズムの走狗なので、グローバル・キャピタリズムに奉仕することしか、考えられなくなっている。日本でも、安倍政権が「少子化が進行すると日本が消滅する。原発をやめるとエネルギーが足りなくなって生活できなくなる」と国民を恫喝して、グローバル・キャピタリズムの延命を図っている。この国では、国家あるいは国民を守るという標語の下で、実は国民もろとも日本国をグローバル・キャピタリズムに売り飛ばそうとの手の込んだペテンが進行している。

しかし、一方では先進国、特に日本では人類の歴史上初めての事態が進行している。言わずと知れた少子化である。すでにくどいほど議論してきたように、人類もまた動物である以上、生物学的必然としてキャリング・キャパシティが増えれば人口が増える。

農耕革命が起こって以来、世界人口は右肩上がりに増加してきた。人口は帝国を支える農民（農奴）であり兵士であり、資本主義を支える労働力であり、消費力である。世界帝国も、グローバル・キャピタリズムも、キャリング・キャパシティ（これは現在の人類に限ればほとんどエネルギーと同義である）を増やせば人口も増えるという生態学の原理の上に成立していた（いる）わりだ。先進国の少子化はキャリング・キャパシティを増やしても人口が増えないという人類史上初めての事態なのである。今のところ少子化は一部の先進国に止まっているが、世界大の規模に拡大すれば、少なくとも今あるような形のグローバル・キャピタリズムは終焉することになる。どんなに科学技術が発達しても生身の人間を人工的に作り出すことはできないからである。グローバル・キャピタリズムが崩壊するのは時間の問題で、ステキなことだと私は思うけれど、苦々しく思う人もいるかもしれない。

但し、人口減少には先進国と途上国の間にかなりのずれがあり、しばらくの間は、先進国の人口減少を補って余りあるほどの、途上国の人口増加が続くことになる。2017年に国連が発表した将来予測によれば2100年の世界人口は112億人、このうちアフリカが39%、アジアが44%を占め、国別ではインドが15億1700万人で1位、日本は現在の1億2700万人（11位）から、8500万人（29位）になると予想されている。これとは別に日本の人口は2100年には6000万人を切るという予測もあり、このままでは日本人は絶滅するというアホなことを言う人もいるが、ある程度減少すれば定常状態になって安定するに決まっている。付言すれば、すでに述べたように、現生人類はすべて（アフリカを出立しなかった人々を除けば）、数万年前のせいぜい1万人くらいの人々の子孫なのだ。DNAの99・9％は共通で、ほとんどクローンに近い。日本人という生物学的な人種がいるわけではない。日本列島に住み、日本語を喋っていれば出自はどうあれ日本人なのだ。現在日本列島に住んでいる人たちも、様々な出自を持つ人々の混血の結果なのである。

ダンバー数の中での相互扶助システム

日本で人口が減少したのは、女性が子育て奴隷になることを拒否して、自分の幸福を追求し始めたからである。グローバル・キャピタリズムとその走狗である政治権力が、いくら子育ては素晴らしいという幻想を押し付けようとしても、金銭的にも時間的にも余裕がないほとんどの女性は、易々と騙されなかったわけだ。生物学的に考えても、資源量が同じであれば、人一人が利用できる資源の量は、人口が少なければ増加するわけだから、素直に考えれば、少子化は個人の幸福に資することは間違いない。現在、沢山子供を産んでいる途上国の女性も、いずれ子育てはほどほどにして自分の幸福を追求するようになるだろう。世界人口も、２１００年くらいをピークに減少し始めると予測されている。２２００年～２３００年になれば、世界人口は50億人くらいで安定して定常状態に達するだろう。そうなると、世界は本格的なポスト・グローバル・キャピタリズムの時代に突入することになる。

その前に先進国の人口は減少して、途上国の人口は増加してゆくという過渡期の問題がある。例えば、日本で少子化が進むと労働力が不足して、賃金が上昇するので、企業が利潤を追求する限り、工場を途上国に移転するか、それができない職種であれば、外国から低賃金の労働者を受け入れて働かせようということになる。そうなると、もともと日本に住んでいた労働者の賃金の低下も避けられなくなる。それは、まさに現在進行中の事態である。

時給1000円に満たないと1日8時間・週6日働いても、年収が200万円程度にしかならない。そうなると、田舎に伝手がある人は、都会で余裕がない暮らしを送るより、田舎で農業をした方がましと思うようになるだろう。作物を売って収入を得てそれで生活をするという、従来の農家のスタイルでは、都会で労働者をしているより、さらに収入が少なくなるので、作物は基本的に売らずに自分たちで食べて、食べ物に関しては、自給自足の生活をする方が合理的だし優雅である。生産物を市場に乗せなければ、グローバル・キャピタリズムから自由になれる。

同じようなことを考える人が集まってくれれば、小さなコミュニティができる。

集団の人数がダンバー数を超えなければ、みんなが適当に自律的に行動しても、集団の秩序を保つことができる。各人が得意な作物や製品を作って物々交換すれば、集団の結束は強まる。相互扶助システムである。重要なことは、集団のルールを明示的に決めないことだ。困ったことがあれば、その都度集まって、アド・ホックに決めればよい。いわば、狩猟採集民の感性で暮らすわけだ。こういうコミュニティで育てば、先に述べたように戦争をしたくなる人も減るだろう。但し、生産手段は農業である。子供の数が少なければ、大きくなってもコミュニティで暮らせるので、サラリーマンになって働かなければ生きていけないという強迫感から解放される。生産性を無理に上げる必要はなく、持続可能な範囲で土地を利用すればよいわけだから、労働時間も少なくて済む。と書けば、いいこと尽くめだけれども、もちろん、自分たちが作れないものは買うほかはないので、多少は換金作物を作る必要があるが、現金収入はそれほど必要ではないので、市場原理にさらされて、おろおろすることは減るはずである。グローバル・キャピタリズムが跋扈《ばっこ》している限り、日本の労働者の賃金は増えないだろうから、こういったコミュニティがあちこちに出現するようになるかもしれない。

一方、外国人労働者がどんどん流入してくるようになると、ホモ・サピエンスは見境なくセックスする種なので、混血が進むだろう。出自は外国から来た人であっても、2世、3世ともなれば日本語しか喋れなくなって、アジア人であれば、日本に数千年前から住んでいる人と、見かけの上では区別ができなくなるはずだ。こうなれば、この人たちはもはや日本人に違いない。日本国内の労働人口が減って外国人労働者が増加するということが常態になれば、日本人の人口減少にも歯止めがかかるかもしれない。

さて、先進国では人口が減少して、途上国では増加するという過渡期を過ぎて、世界的に人口減少が本格化した世界はどうなるのだろう。現在、世界ではＡＩ（人工知能）の発達により、様々な労働のロボット化が進んでいる。例えば、自動車の自動運転技術はすでに現実のものとなっており、近い将来、自動車の運転手という職業はなくなるだろう。少し前にオックスフォード大学のＡＩの研究者が、近い将来、今の職業の半分くらいはロボットにとって代わられて消滅するだろうという予測をして話題になった。自動車の運転手以外にも、検査技師とか、コンビニの店員とか、決まりきったことをする職業はロボットの方が正確にできるだろうからどんどん消滅して、残る職業は客の個性に合わせて臨機応変な対応が必要なものだけになっていく可能性が高いという。独創性が必要な芸術家とか作家も当分存続するかもしれない（もちろん、ＡＩが書いた小説がベストセラーになる可能性はある）。

産業用のロボットが安価になって、労働者を雇うよりコストが下がれば、失業者が増えていくだろう。労働者に賃金を支払う必要がなくなった企業は低コストで製品を作れるようになるが、問題は誰が買ってくれるのかということである。現代社会では、消費者の大部分は労働者であるから、大半の労働者が失業すれば、買ってくれるお客様が激減する。製品が売れなければ企業は困るし、労働者は極貧になって、飢え死にする者も出てきそうだ。社会は極めて物騒になるだろう。

そこで、いよいよ、ベーシックインカムが現実味を帯びてくる。ベーシックインカムはすべての国民に等しく同額の現金を支給するシステムである。労働者がほとんどいなくなって生産コストが下がった企業の収益の、例えば8割とかを原資にすればよい。企業が儲けた金を人々に分配して、それで製品を買ってもらって、企業も国民も生き延びようという制度である。ベーシックインカムをもらっていても雇ってもらえる人は働くことができるわけで、購買可能規模はベーシックインカムよりも大きくなるに決まっているから、企業の収益がどんどん目減りしていくことはない。国民の数が少なければ、ベーシックインカムの原資は少なくて済むし、同じ原資ならば一人当たりの支給額は増える。人口が少ないことはこのシステムに適合的なのだ。

生まれた時点からベーシックインカムを支給すると、人口が増えて制度が破綻するので、何らかの規制をかける必要がある。成人になるまで支給しないとか、一定限度以上の子供を産んだ親の支給額を減らすとか、何らかの手立てを考える必要が出てくるだろう。国民のかなりの部分は、田舎で農業をして、食料に関しては大方自給自足の生活をして、それ以外のものはベーシックインカムで贖うようになるかもしれない。グローバル・キャピタリズムは崩壊して、定常経済が当たり前の世界になるだろう。そうなれば、キャリング・キャパシティがほぼ一定で、人口もほぼ一定という、生物種の生存戦略としては最適な社会になる。核戦争や、大隕石の衝突といったカタストロフィーが起こらなければ、人類はしばらく生き延びることになるだろう。

頭脳資本主義の到来
——ＡＩ時代における少子化よりも深刻な問題

井上智洋

駒澤大学経済学部准教授、経済学者、専門はマクロ経済学。２０１１年に早稲田大学大学院経済学研究科で博士号を取得。早稲田大学政治経済学部助教などを経て、２０１７年４月から現職。人工知能と経済学の関係を研究するパイオニアとして、幅広く活躍。著書に『ヘリコプターマネー』『人工超知能』など。２０１７年に『人工知能と経済の未来』が新書大賞（７位）を受賞。

目指すべき経済成長率

「日本は成熟した国なので経済成長はもはやあり得ず、後は衰退する他ない」といったような日本衰退論を近年よく耳にする。

人口の多い中国、インド、ASEAN諸国などが高い成長率を実現していることにより、確かに日本の相対的な経済規模は低下している。また、デフレ不況と少子高齢化の影響で、この20年間の平均実質成長率が0・9%程しかないのも事実である。

経済が成熟するにしたがって成長率が低下することは、理論的にも実証的にも確認できるが、成長率がゼロになることは一般にはあり得ない。多くの先進国が2%程の成長率を保っている。アメリカがその典型であり、この20年間の平均成長率は約2%である。

発展途上国はキャッチアップの過程にあり、資本（生産設備）を急速に増大させることで、高い成長率を実現することができる。キャッチアップが完了し先進国の仲間入りをした後では、こうした急速な成長は不可能となるが、技術進歩によって主導される緩やかな経済成長は持続できる。

人々が工夫や発明・発見を続ける限り、技術進歩もそれによる経済成長も止まることがない。したがって、2%の率の成長は自然なことなのだが、日本経済は不自然なことに、失われた20年の期間には0・9%の成長率しか得られなかった。それは主に需要サイドの要因によってもたらされており、財政・金融政策によって自然な成長を取り戻す必要があった。

アベノミクスの第一の矢である金融政策の背景には、マネーの供給量を増やしデフレからの脱却を図る「リフレーション」（リフレ、通貨再膨張）という考えがあり、このような考え方の経済学者・エコノミストは「リフレ派」と呼ばれている。

今の日本経済にとってリフレが妥当であるかどうかを議論する以前に、解かれなければならない誤解がある。それは、リフレ派の人々が狙っているのが第一に失業の解消であり、第二に他の先進国並みの経済成長だということだ。

その成長率は2％程であり、彼らは6％や7％などといった新興国並みの成長率を目指しているわけではない。政府が目標として掲げている実質成長率も2％である。したがって、アベノミクスはリフレによって無理矢理経済を成長させようとしているといった批判は妥当ではない。

少子化の進展により、日本は2030年代に持続的なゼロ成長に陥るという予測もある。だが、個人の生活の豊かさを表しているのは、一国のGDPではなく一人当たりGDPであり、後者がゼロ成長に陥るわけではない。リフレ派を含むほとんどの経済学者が、一人当たりのGDPの成長こそが重要であると考えているはずだ。

日本経済が抱えている問題

それでは、これから安倍政権下の日本経済が、デフレ不況からの完全な脱却を果たし、当面２％程度の成長率を持続させられるようになるかというと、それは困難だろう。

ゼロ金利下（マイナス金利下）では、金融政策の効果は小さくなるので、より大きな影響力を持つのは財政政策である。デフレ脱却のためには、財政支出の増大か減税が必要だが、２０１９年10月には消費税の増税が予定されている。

２０１４年４月の増税は消費需要の低迷をもたらし、デフレ不況からの脱却を後退させた。その反省も十分なされぬまま、新たな増税がなされようとしているのである。

さらにこの先の未来を考えると、お先真っ暗感がこみあげてくる。安倍首相の後によそ誰が首相になろうと、増税、緊縮を進めるだろうから、デフレ不況が再び進行し、失われた20年が30年、40年へと延長される可能性すらある。

要するに、この先日本が衰退の一途を辿るにしても、それは一つには財政・金融政策の間違いによっているのである。日本経済の衰退を自然現象のように見なして諦めろというタイプの日本衰退論は、問題の本質を見誤っているのではなかろうか。

ただし、日本経済が抱えているのは、財政・金融政策によって直接解決可能な需要サイドの問題だけではない。企業や大学、行政機構、あらゆる組織で非効率が蔓延しており、生産性が低迷している。２０１６年の日本の１時間当たり生産性は、ＯＥＣＤ35か国中20位である（日本生産性本部「労働生産性の国際比較」）。

労働生産性は当てにならない指標だと指摘されることが多いが、２０１６年の日本の一人当たり購買力平価ＧＤＰ（物価を考慮したＧＤＰに関する指標）は、全ての国々の中で30位である（IMF“World Economic Outlook Databases”）。フランスのちょっと下、韓国やイタリアのちょっと上という位置であり、先進国最低クラスだ。いかなる指標を参照しても、日本の生産性の低迷を反証することは難しい。

これからそのような生産性の低迷は一層深刻になっていくだろう。未来において、一国のＧＤＰを決定づけるのは、労働人口や労働時間よりも、科学技術力を初めとする人々の知力となるからであり、日本の知力が今まさに危ぶまれているからである。

確かに、経済の基本的な仕組みがこのまま変わらなければ、少子高齢化によって生産年齢人口（15歳以上65歳未満の人口）の比率が低下することによって、一人当たりＧＤＰの成長が完全に止まることはないにしても鈍化する可能性はある。

しかしこれから世界経済は、労働者の頭数ではなく、人々の頭脳レベルが一国のＧＤＰや企業の収益を決定づける「頭脳資本主義」に転換していく。作家で評論家の堺屋太一氏が、１９８５年に『知価革命』で知恵が価値を持つ「知価社会」の到来を予見しているが、そのような社会が本格的に到来するというわけである。それゆえ、少子高齢化ではなく科学技術力などの知力の衰退の方が、経済に対するより大きなマイナス効果を持つようになる。

「頭脳資本主義」は、元々神戸大学の松田卓也名誉教授が作った用語であり、経済思想の分野における「認知資本主義」やピーター・ドラッカーの「知識社会」とも類似した概念である。しかし、いずれの言葉よりも語呂が良いのでここでは「頭脳資本主義」を用いることにする。

第一次から第三次までの産業革命

頭脳資本主義への転換は、第三次産業革命（情報技術革命、ＩＴ革命）の進行に伴って起こりつつあり、今後引き起こされる第四次産業革命（ＡＩ革命）によってさらに深化するものと考えられる。

18世紀末から19世紀初頭にかけてイギリスで最初に起こった第一次産業革命で最も大きな影響力を持った技術は蒸気機関である。蒸気機関のような、あらゆる産業に影響を及ぼし、また補完的な発明を連鎖的に生じさせる技術を「汎用目的技術」（General Purpose Technology, GPT）という。

内燃機関（ガソリンエンジン）や電気モータなどのＧＰＴは19世紀末から20世紀初頭にかけて第二次産業革命を引き起こした。私達の現在の消費生活の多くは第二次産業革命が切り開いた地平にある。例えば、自動車や飛行機は内燃機関の、洗濯機や掃除機は電気モータのそれぞれ補完的発明の賜物と言える。

コンピュータとインターネットという二つのGPTが引き起こしたのが、第三次産業革命である。その起点を、Windows 95が世に送り出された1995年とするならば、この革命は二十数年ほどしか時を経ていないことになる。

IT化の基本はペーパレス化であるから、紙の書類で契約を交わし、紙幣で商品を購入している内は、第三次産業革命はその基本的な部分さえも完了していないと言うことができる。今なお第三次産業革命は進行中なのである。

この革命は、過去の二回の革命とは異なり、全ての労働者を等しく豊かにするわけではない。アメリカでは既に情報システムが、旅行代理店やコールセンターのスタッフ、経理係といった事務労働の雇用を奪っている。

こうして「技術的失業」に陥った労働者の多くは、ITが生み出す新しい職業に転職するわけではなく、清掃員や介護スタッフといった肉体労働に従事するようになる。

その際、事務労働よりも肉体労働の方が賃金が低いので、転職後の労働者はより貧しくなる。実際、アメリカ人の所得の中間値は今世紀に入ってから横ばいないし、やや低下傾向にある。

一方、一部のお金持ちがよりお金持ちになることによって、所得の平均値は順調に上昇している。このような所得の中間値と平均値の開きは、アメリカの経済学者エリック・ブルニョルフソンとサイエンス・リサーチャーであるアンドリュー・マカフィーによって、「グレート・デカップリング」と名付けられた。

アメリカでは、ＩＴ産業や金融業に従事するごく一部の高い知力を持った労働者が莫大な富を生み出す頭脳資本主義への転換が始まっているのである。

その兆候は他にも色々なところに現れている。例えばグーグルの社員数は約5万人であるのに対し、ジェネラル・モーターズ（ＧＭ）というアメリカの自動車企業の社員数は約22万人である。

だが、グーグルの時価総額（株価の合計額）はＧＭの10倍以上である。自動車工場のような巨大な生産設備を持っているわけではないにもかかわらずである。

グーグルは膨大な博士号取得者を抱えており、彼らがグーグルの技術やサービスを作り出す中核を担っている。社員の頭脳が現在から未来にかけて生み出すであろう付加価値が時価総額の裏付けとなっているのである。

ＩＴ産業が「労働集約的」というよりも「頭脳集約的」であることの理由は明白である。それは、一つのソフトウェアを作ってしまえば、後はほとんど費用ゼロでそのコピーを作ることができるからだ。

「限界費用ゼロ」という言葉が、ＩＴの経済的特徴を端的に言い表している。「限界費用」というのは、商品の生産を一つ増やした時に生じる追加的な費用のことである。

自動車や椅子のようなモノを一つ追加的に生産するには、当然ながら費用が掛かる。

アメリカの評論家ジェレミー・リフキンは、『限界費用ゼロ社会』であらゆるモノやサービスの限界費用がゼロになる未来の社会を展望したが、少なくとも今はそのような社会ではない。

一方で、ソフトウェアのコピーはタダであり、ＩＴ産業では今でも限界費用がゼロに近い。それゆえに独占力が働きやすく、一つの分野につき最も優れた一つ、二つのソフトウェアしか生き残ることができない。高度な頭脳を結集した企業が市場を総取りしてしまうのである。

第四次産業革命とは

ＡＩの普及によって第四次産業革命が引き起こされると頭脳資本主義への転換はさらに加速する。この革命はもう始まっているという論者もいるが、筆者は２０３０年頃と考えている。その頃にならないと、ＡＩが生産性を向上させ経済成長率を上昇させる効果が、マクロ経済のデータとして表れてこないと予想されるからだ。

第四次産業革命にとって鍵となる技術は一般に、ＡＩの他に「ビッグデータ」と「モノのインターネット」（Internet of Things, IoT）だと言われているが、これに３Ｄプリンターやロボットを加えることもできる。筆者が中でも注目しているのは「汎用ＡＩ」である。

Siri やアルファ碁など既存のＡＩは全て特化型である。「特化型ＡＩ」は、一つ、あるいは幾つかの特定の課題しかこなすことができない。Siri なら人間の問いかけや要望に対して応答するだけで、アルファ碁なら囲碁を打つだけである。

それに対し、「汎用ＡＩ」は人間のようにあらゆる課題をこなし得る。一つのＡＩが、囲碁を打ったり、会話をしたり、事務作業をしたりする。汎用ＡＩは研究開発の途上にあり、この世にまだ存在していない。

汎用ＡＩの実現を目指す日本の非営利組織「全脳アーキテクチャ・イニシアティブ」は、２０３０年には研究開発の目処が立つという展望を示している。同様に汎用ＡＩの開発を行っているチェコの企業「Good AI」もまた、２０３０年を実現目標においている。

汎用ＡＩが実用化されれば、あらゆる産業で生身の労働者の代わりに用いられるようになるので、経済や社会に劇的に変革がもたらされる。実現が２０３０年頃だとしても、普及するまでには時間を要するので、汎用ＡＩが経済や社会を様変わりさせてしまうのは、早くて２０４５年頃、遅くて２０６０年頃と予想される。

特化型ＡＩに対し数十年遅れを伴うので、汎用ＡＩが引き起こす革命を「第五次産業革命」と名付けることも可能である。だが、単純化のために、汎用ＡＩの影響も含めてここでは第四次産業革命として扱うことにしよう。

どのような国がヘゲモニー国家となるのか？

いずれにせよ、AI（汎用AI）などの汎用目的技術（GPT）を活用し、いち早く生産活動の変革に成功した国が、次代の「ヘゲモニー国家」（覇権国家）となるものと考えられる。

アメリカの社会学者ウォーラーステインは、17世紀のオランダ、19世紀のイギリス、20世紀のアメリカを各時期におけるヘゲモニー国家として位置づけた。ここで注目すべきなのは、各時期にGPTをいち早く導入し活用した国が覇権を握っているという点である。

第一次産業革命では、最初に蒸気機関を生産の現場に導入したイギリスが覇権を握った。第二次産業革命は、蒸気機関の代わりに電気モータを工場の動力源として世界に先駆けて取り入れ、内燃機関の補完的発明品である自動車の大量生産を世界で最初に成功させたアメリカとドイツによって主導された。

20世紀前半は、第二次産業革命を成功させたドイツがヨーロッパで覇を唱えるものの、同じくこの革命を成功させたアメリカ（とアメリカの支援を受けた連合国）に二度の世界大戦で叩きのめされ、アメリカの覇権が確立した時期として位置づけることができる。

こうしてアメリカは20世紀のヘゲモニー国家となったが、１９９５年以降の第三次産業革命もまたアメリカによって引き起こされ牽引された。それゆえ、21世紀になっても引き続きアメリカがヘゲモニー国家であり続けているが、次の覇権をめぐる争いが既に始まっている。

　ドイツ政府は、２０１１年に「スマートファクトリ」（考える工場）を中核にすえた「インダストリー４・０」という政策ヴィジョンを掲げた。もしインダストリー４・０が成功を収めれば、ドイツがアメリカに代わってヘゲモニー国家に成り上がる可能性がある。そうなれば、第二次産業革命の際の覇権争いでアメリカに敗れたドイツがリベンジすることになる。

　ただし、インダストリー４・０はしばしば「第四次産業革命」と訳されるが、これはドイツ政府が掲げたヴィジョンに過ぎないし、まだこの生産システムは確立されていない。したがって、未来に訪れる第四次産業革命においてドイツ流のインダストリー４・０が主力になるかどうかは分からない。

　そもそも、インダストリー４・０の適用は工業分野に限定されており、これは「製造業４・０」と訳すべき筋合いのものである。同様の試みとして、アメリカの「インダストリアル・インターネット」や中国の「中国製造２０２５」がある。それらに対し、ＡＩ、ビッグデータ、ＩｏＴなどが引き起こす革命は、農業やサービス業を含むあらゆる産業の「生産構造」を抜本的に変革してしまう。

　特に汎用ＡＩをいち早く導入し普及させた国は、次代の覇権を握る可能性を格段に高めるだろう。技術的失業を恐れて、汎用ＡＩの研究開発を怠った国には控えめに言っても未来がない。

マルサスの罠

汎用ＡＩは、単に産業革命を引き起こし得る重要な技術であるばかりではない。それは、第一次産業革命以来の「生産構造」の変化をもたらし得る。「生産構造」とは、生産活動に必要な「インプット」（投入要素）と生産活動によって生み出される「アウトプット」（産出物）との基本的な関係を意味する。マルクスのいう「生産様式」とは異なっているので注意が必要である。

約１万年前から始まった「定住革命」によって、狩猟・採集から農業中心の経済に転換し、図１で表されるような生産構造が確立された。農業で重要なインプットは「土地」と「労働」であり、アウトプットは農作物である。

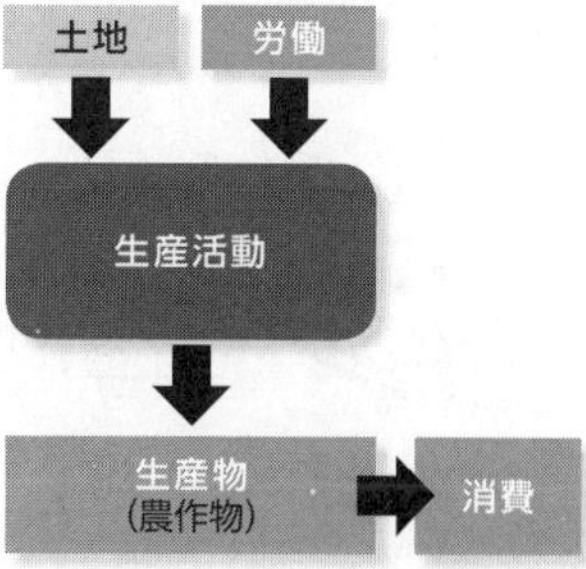

図１　農業中心の経済の生産構造

土地は基本的には人間の手によって作り出すことができないという特徴を持つ。したがって、産出量を増

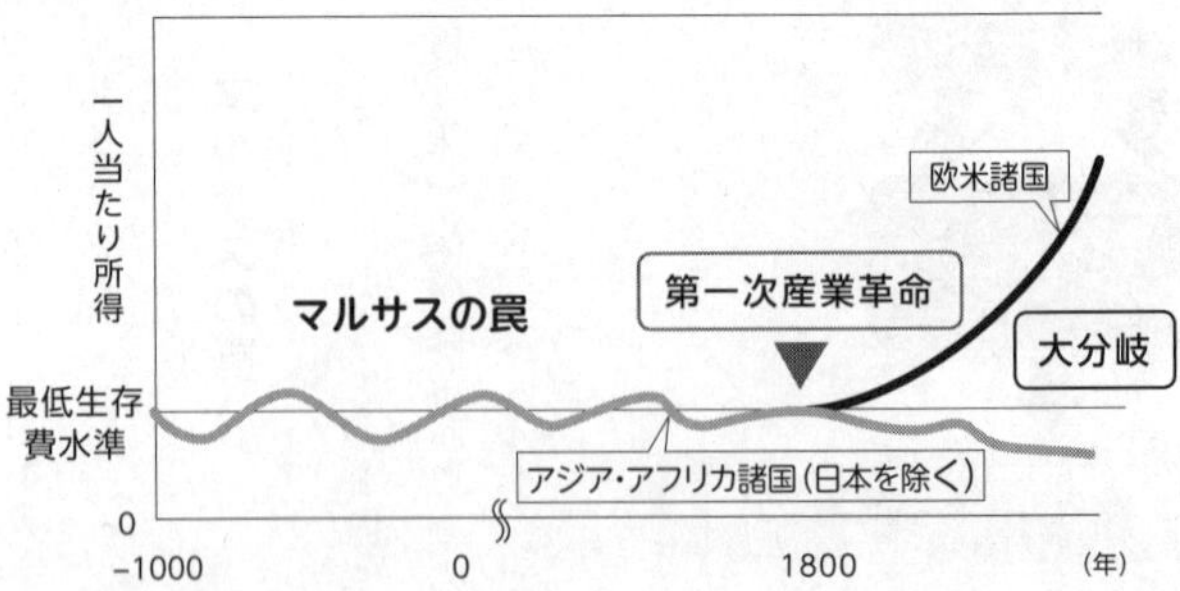

図２　大分岐（出所：グレゴリー・クラーク『10万年の世界経済史』上巻 日経ＢＰ社より）

やすには、労働（労働者）を増やすしかない。しかし、労働を増やすには子供をたくさん作れば良いのだが、それでは人口一人当たりの産出量（産出量／人口）を増やすことができない。

有史以来長い間、一人当たり産出量（所得）は増大せず、生活水準はほとんど上昇しなかった。人類は、技術水準の向上によって農作物の産出量を増大させても、その分だけ子供を多く作り、人口を増大させてきたからである。

したがって、図２に表されているように、一人当たり所得は産業革命以前には、短期的には変動しているものの長期的にはほとんど変化していない。所得が最低生存費水準から乖離して上昇し続けるような事態が発生したことがなかったのである。トマス・マルサスによって指摘されたこの現象は、「マルサスの罠」と呼ばれている。

機械化経済と大分岐

第一次産業革命は、このような人口と生活水準の関係を根本的に覆した。この革命によって現れた産業資本主義は、一般に図3のような生産構造を持った経済である。インプットは「機械」（資本、生産設備）と「労働」で、アウトプットは工業製品（やサービス）などの産出物である。機械はアウトプットの一部であり、投資により増大する。そうすると、より多くの工業製品を作り出すことができる。

このような循環的なプロセスにより、資本は無際限に増殖し産出量も無際限に増大していく。このプロセスこそが、マルクス経済学のいう「資本の自己増殖運動」である。

土地は生産活動によって生み出されるアウトプットではないが、機械はアウトプットであるという点が重要だ。産業革命によって形成されたこのフィードバックループは技術進歩と相まって劇的な産出量の増大をもたらしたのである。

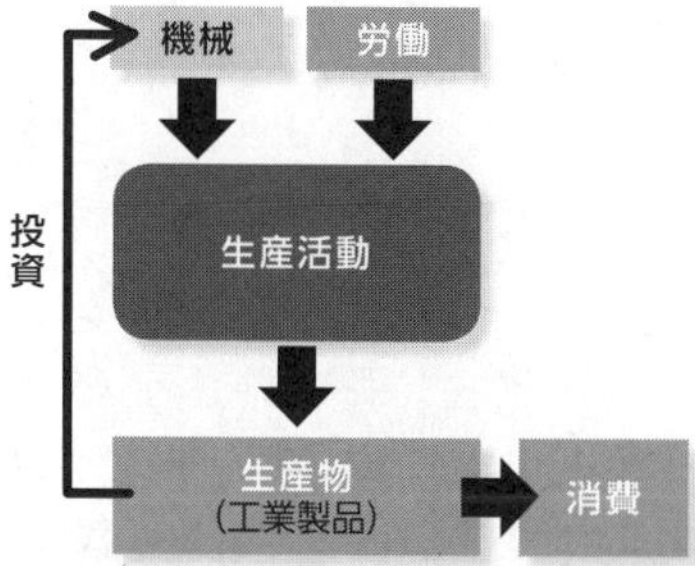

図３　機械化経済の生産構造

産業革命期のイギリスでは、産出量の増大に伴って人口がかつてない勢いで増大した。しかし、それを振り切るほどのスピードで産出量が増大し、マルサスの罠からの脱却が実現した。つまり、時を経るごとに一人当たり所得が増大し、生活水準が絶えず向上するような経済へと移行したのである。

図2のグラフは、産業革命期において二手に分かれている。19世紀に、イギリスを初めとする欧米諸国が持続的に経済成長する上昇路線を辿り出した一方で、日本を除くアジア・アフリカ諸国は停滞路線を辿った。

より正確に言うと、アジア・アフリカ諸国は上昇路線に乗り遅れただけでなく、欧米諸国から植民地支配を受けることにより「低開発化」が進められ、むしろ貧しくなった(アンドレ・グンダー・フランク『世界資本主義と低開発』)。

こうして世界は豊かな地域と貧しい地域に分かれた。この分岐は近年の経済史の用語で「大分岐」と呼ばれている(ケネス・ポメランツ『大分岐』)。

第二次産業革命と第三次産業革命は、私達の生活に大きな影響をもたらしたが、生産構造には根本的な変革をもたらさなかった。それらの革命を経ても資本主義経済の生産活動は相変わらず、「機械」と「労働」という二つのインプットを必要とする。

このような産業革命から現在にまで至る資本主義経済を「機械化経済」と呼ぶことにしよう。機械化経済を標準的な経済成長の理論モデルである「ソローモデル」に基づいて分析すると、長期的には経済成長率は2%くらいで一定になってしまう。

それゆえに、リフレ派の人々ですらも、他の先進国並みの2%ほどの成長率しか目指していないということは前述したとおりである。それに対し筆者は、これから高度経済成長期を超えるような率の経済成長が少なくとも理屈の上では実現できると考えている。

純粋機械化経済と第二の大分岐

第四次産業革命は、成熟した国々の経済成長に関する閉塞状態を打ち破る可能性がある。汎用AIを初めとするAI・ロボットなどの機械が人間の労働の大部分を代替すると、図4のような生産構造になるからだ。

インプットはAI・ロボットを含む機械のみで、労働は不要となっている。フランスの経済学者トマ・ピケティはこのような経済を「純粋ロボット経済」と呼んだが、ここでは「純粋機械化経済」と呼ぶことにする。

純粋機械化経済では、機械のみが直接生産活動を行っているが、人間の役割が完全になくなるわけではない。新しい商品や技術の開発、生産活動のマネ

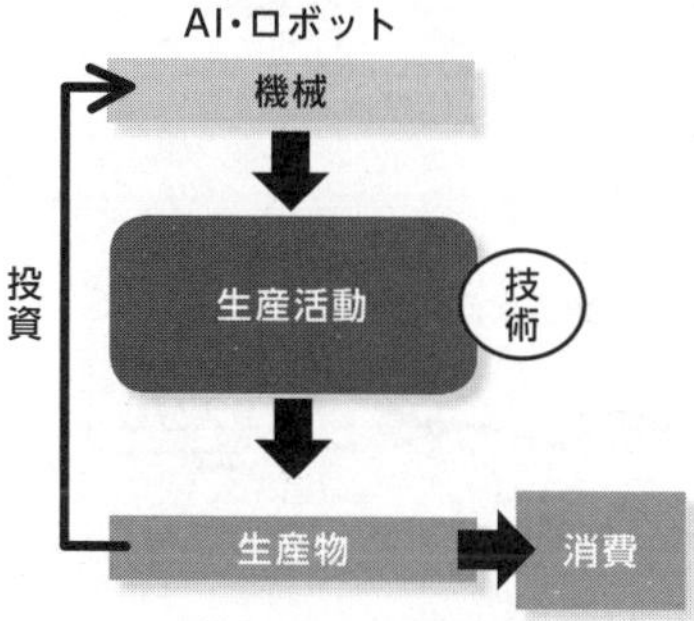

図4　純粋機械化経済の生産構造

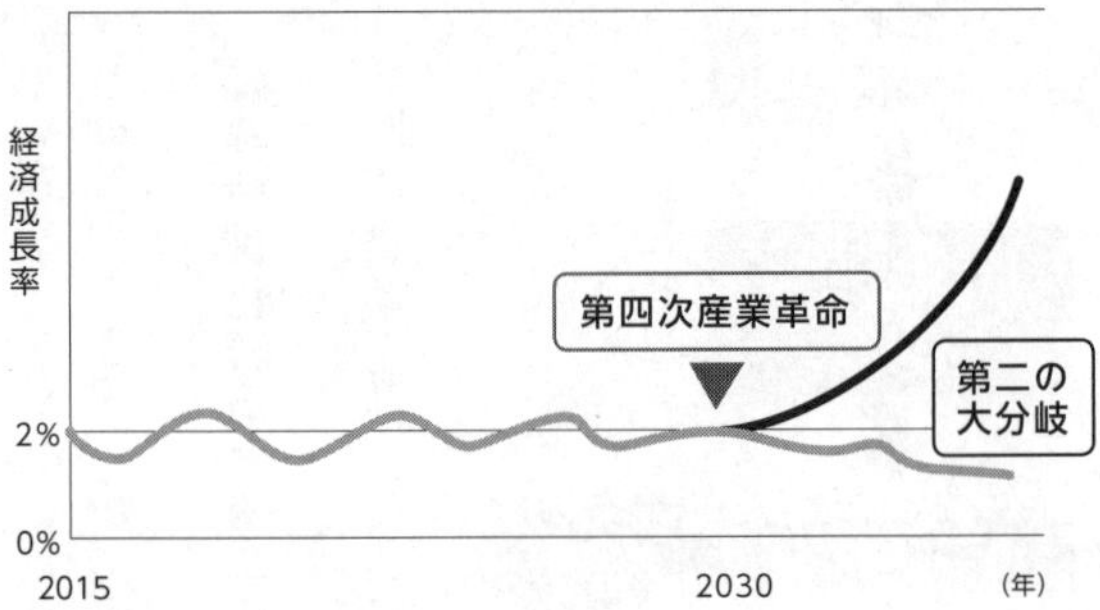

図5　第二の大分岐

ージメントなどは人間の仕事として残り続ける。

ラーメン店で言えば、直接ラーメンを作るのは機械だが、新しいラーメンのメニューを開発したり、店舗を管理したりするのは人間の仕事である。汎用AI・ロボットと言えども、人間と全く同じ味覚を備えていない限りは新しいラーメンの開発は難しい。また、店舗にネズミが発生するなどの不規則な事態に当たっては人間の価値判断を必要とするので、少なくとも店長は人間が担う必要がある。

いずれにしても、このような純粋機械化経済について数理モデル（AKモデル）を作って分析すると、成長率自体が年々上昇するという結果が得られる。機械化経済の定常状態では年々ほぼ一定率で一人当たり所得が成長していくが、純粋機械化経済では成長率自体が年々成長していく。

したがって、もし汎用AIを導入した国とそうでない国があるとするならば、図5のように経済成長率に開きが生じていくことになる。この図は縦軸が経済成長率であり、図2の方は縦軸が所得であるという点に注意して欲しい。

第四次産業革命期に現れるこのような分岐を「第二の大分岐」と呼ぶことにする。第一次産業革命期に発生した最初の大分岐では、GPTである蒸気機関などを導入し生産を機械化した欧米諸国は上昇路線に乗り、そうでない国々は停滞路線に取り残された。それと同様に、第二の大分岐では、GPTとしての汎用AIなどをいち早く導入した国々が経済面で圧倒的となり、導入が遅れた国々を大きく引き離すことになる。

第四次産業革命に乗り遅れることの危険性

最初の大分岐の際に、日本は遅ればせながらも上昇路線に乗ることができた。そのために20世紀を通じて豊かな暮らしを送ることができたのである。未来に起き得る次の大分岐でも、日本は上昇路線に乗るべきではないだろうか。

第四次産業革命の際に、世界の先端的な国々に対し後塵を拝した場合には、経済的な収奪を受ける可能性もある。

第三次産業革命で日本は劣勢に立たされたので、現在私達は、グーグルやマイクロソフト、アップル、アマゾン、フェイスブックなどのアメリカ企業のサービスを利用しており、多くの収益がアメリカ企業に渡ってしまっている。

しかし、第四次産業革命ではもっと大きな収益が奪われる可能性がある。この革命では、工業やサービス業などあらゆる産業でAI・ロボットが利用されるようになるからだ。

レストラン一つとっても、ロボットの店員がウェイター・ウェイトレスやコックとなって働くようになる。日本企業が性能の良いロボットを開発することができなかった場合、あらゆるレストランでアメリカ製のロボットが使われるようになる。そればかりか、店舗ごとアメリカ資本によって経営されるようになり、日本企業には全く収益がもたらされなくなる可能性もある。

経済的収奪よりもさらに危険なのは、軍事力に差をつけられることである。日本が第二の大分岐の停滞路線を辿り、周辺諸国が上昇路線を辿った場合、それに応じて軍事力でも格段の差がつけられることになる。その場合、日本の国土と国民を防衛することは著しく困難となる。

実際、日本が第四次産業革命に乗り遅れる可能性は大いにある。AIはITの比較的賢いものとして位置付けられるので、IT化の遅れは必然的にAI化の遅れをもたらす。既に日本はAI化の前段階としてのIT化で遅れをとっている。例えば、クラウド会計ソフトの導入率は、アメリカで40%、イギリスで65%であるのに対し、日本では14%である。

このままでは、日本は第三次産業革命に続いて第四次産業革命でも劣勢に立たされる可能性が高く、たとえ上昇路線を辿れるにしても、かなり遅れてのテイクオフ（離陸）となるだろう。

頭脳資本主義で後塵を拝する日本

第四次産業革命にとって知力が重要だということは、二つの理由によっている。一つは、ＡＩ・ロボットなどの生産のオートメーション化に関わる技術をいち早く開発し普及させた国が、先に純粋機械化経済へと移行し、テイクオフを果たすからである。

もう一つは、図4で表されるような純粋機械化経済に近づくにつれて、直接モノを作る技能は価値を持たなくなり、「技術」を新しく生み出したり、「生産活動全体」をマネージメントしたり、新しいビジネスモデルを展開する知力がより大きな価値を持つようになるからである。

このままでは日本は、知力がより大きな価値を持つ頭脳資本主義で後塵を拝することになる。

世界では熾烈な頭脳獲得競争が起きており、それも頭脳資本主義の表れである。例えば、ディープマインド社は元々イギリスの会社だが、２０１４年にグーグル社に4億ドル以上で買収されている。ディープマインド社は、２０１６年3月に韓国人のチャンピオン李《イ》世《セ》乭《ドル》を打ち負かして有名になった「アルファ碁」という囲碁ＡＩを開発した会社である。

2014年当時、ディープマインド社は社員が100人もおらず、工場や資産を有しているわけでもなかった。ただ、創業者デミス・ハサビス氏を初めとする社員の頭脳が4億ドル以上の価値を持ったのである。

こうした頭脳獲得競争に日本の企業や大学は取り残されている。世界から頭脳を獲得できていないどころか、日本からの頭脳流出を防ぐこともできないでいる。

2017年の4月、一橋大学の教員が香港科学技術大学に転職するとツイッターでつぶやいて話題になった。転職理由は給与の違いであり、前職は634万円、転職先は1500万〜1600万円だという。

これをもって「みなし公務員」である国立大学の教員の給与を諸外国の教員並みに引き上げるべきだとは直ちには言えないだろうが、頭脳流出を防げていない事実には変わりない。

無価値な労働に時間を費やす日本人

さらにもっと大きな問題がある。今、日本人は頭脳を働かせて価値を生み出すことに十分な時間と労力、お金を費やせていない。ここで、人々に与えられた一日の時間を、(1)有価値労働時間

（2）無価値労働時間

（3）余暇時間

に分けて考えよう。（1）と（2）は筆者の造語である。

「有価値労働時間」というのは、実際に付加価値を生むような労働に費やしている時間である。市場で売れるような商品やサービスが必ずしも価値を持つとは言い切れないが、ここでは単純化してそのように考えよう。有価値労働の中には、退屈なルーチンワークもあれば、頭脳を振り絞って何ものかを創出するようなクリエイティブな仕事もある。

「無価値労働時間」というのはその反対で、付加価値を生まない無駄な労働に費やしている時間である。誰しも、「この会議は無駄に長い」とか「この書類作成は必要ないんじゃないか」と思ったことがあるだろう。そうした労働が無価値労働である。といっても、完全に無価値ということがそれほど多いわけではないので、比較的価値の低い労働ととらえてもらっても構わない。

「余暇時間」というのは、食事をしている時間、遊んでいる時間、寝ている時間など、労働している以外の全ての時間を含んでいる。

日本は無価値労働時間が異常に長くて、有価値労働時間や余暇時間を押しのけているのではないかという仮説を筆者は立てている。日本人の余暇時間が短いのは確かである。だが、有価値労働と無価値労働との線引きができないので、有価値労働時間の少なさを直接的に実証することは困難である。

だが、それを間接的に裏付けるデータならある。例えば、日本の中学教員が1週間に働く時間は53・9時間であり、OECD諸国の平均の1・4倍あって突出している（OECD「国際教員指導環境調査」2013年）。授業時間はむしろ短いにもかかわらず、部活動と書類作成に多くの時間を費やしているからである。

教員の労働時間に見合っただけ、生徒は賢くなっているだろうか？　確かに日本は、学習到達度調査（PISA）の上位国である。だが、同じく上位国のフィンランドの教員は31・6時間しか働いておらず、これは日本の6割ほどである。シンガポールはPISAの最上位国で日本より成績優秀だが、教員の労働時間は47・6時間で日本より1割以上短い（同前）。

もちろん学業の成績が全てではないが、日本の子供達は他の先進国の子供達と比べて、著しくクリエイティブだったり、幸福だったりするだろうか？　とてもそうは思えない。

要するに、教員達は無為に刻苦勉励しているのである。膨大な書類作成の少なからぬ部分が、無価値労働ではないのか？　部活動の指導にそんなに長い時間を費やす必要があるのか？

科学技術力衰退の原因

筆者のような大学教員にしても同じことである。教育でも研究でもない大学内業務

（いわゆる雑務）は若干減少傾向にあるものの、それでも労働時間の17・5％も占めており、高止まりしている（科学技術・学術政策研究所「大学等教員の職務活動の変化――『大学等におけるフルタイム換算データに関する調査』による2002年、2008年、2013年調査の3時点比較――」）。

大学教員の本務は研究と教育であるが、研究時間の方は昨今激減している。2002年には46・5％だった研究時間が2013年では35％まで減っているのである。その分増大しているのが教育に要する時間、つまり講義時間とその準備時間である。

最近の大学は、祝日も講義を実施することが多い。一学期間に定められた15回（ないし14回）の講義を確保するためである。準備について言うと、パワーポイントで講義を行う教員が多くなり、その作成に長い時間を費やすようになった。

また、「アクティブ・ラーニング」（プレゼンやディスカッションなど学生が能動的に取り組む学習）を取り入れた授業も増えて、その準備にもかなりの時間を費やしている。

こうした取り組みを筆者は真っ向から否定するわけではないけれど、教員が教育に多くの時間を費やすことによって、学生が著しく賢くなっているかというとかなり疑問の余地がある。

乱暴な話だが、学期末試験を難しくして、単位の取得を難しくすれば、学生は必死になって勉強してくるものである。教育の成果は必ずしも教員が教育に掛ける時間には比例しない。

それに対し、研究時間の減少による研究成果の減少は目に見えて現れている。学術論文の数で、アメリカは長らくトップを保ってきたが、近年中国が追い抜いて1位になっている（全米科学財団“Science and Engineering Indicators 2018”）。

日本は、論文数の相対的なシェアを減らしているどころか、論文の絶対数を減らしており、２０１６年の論文数ランキングで6位にまで転落している。

論文数は、その国の科学技術力を測る代表的な指標である。というのも、大学教員などの研究者の多くは、論文でその研究成果を発表するからである。

研究費の減少もまた科学技術力の衰退に加担している。国立大学への運営費交付金がこの10年間で10％以上減らされたために、基礎研究の推進が難しくなっているのである。

２０１６年にノーベル生理学・医学賞を受賞した東京工業大学・大隅良典栄誉教授が指摘するように、20～30年したら、日本から科学分野でのノーベル賞受賞者が輩出されなくなる可能性がある。

日本は科学技術の研究という最も付加価値を生むクリエイティブな営みに、時間もお金も費やさなくなっており、科学技術立国としてやっていけるかどうかの瀬戸際に立たされているのである。

そんな国に未来があるとはとても思えない。何しろ、頭脳資本主義が到来しつつあるこの時代に、研究という頭脳を働かせて付加価値を生む営みを減らして、無価値な労働にかまけているのだから。中国やインドどころかＡＳＥＡＮ諸国に、科学技術力や経済力で追い抜かれる日もそう遠くはないだろう。

知力を軽視する国に未来はない

一事が万事であって、中学や大学などの学校に当てはまることは企業など他の組織にも当てはまる。筆者が幾つかの会社で聞き取り調査を行ったところ、以下のような声が挙がった。

「暇な社員が余計な仕事を作り出して、忙しい私にもその仕事を押し付けてくる」「何の価値も生まないような後ろ向きの仕事ばかりしている」「要らない仕事を削ったら、社員の8割くらい解雇できる」「コンプライアンス、コンプライアンスってうるさくて、そのためにやたら労力を費やしている。コンプライアンスが日本を滅ぼす」等々。

日本の多くの労働者が、付加価値を生む仕事に専念できていない様子が窺える。無価値労働時間の割合が高止まりしており、生産性の低迷がもたらされているのではないか。

有価値労働時間の中でも、頭脳を振り絞って、新しい技術を研究開発したり、新しいサービスを展開したりするなどのイノベーションに関わる作業時間を減らしているのだとすると、これは後々日本経済の衰退を促進させる要因として少子化よりも遥かに大きな影響力を持つようになるだろう。

実を言うと、筆者は必ずしも他国と競争して打ち勝つことが重要だと思っているわけではない。人々が幸福に暮らしていけるならばそれで十分である。ところが、日本では無価値労働があまりにも肥大化しているために、仕事での充実感も余暇の楽しみも得られにくくなっている。

加えて、日本がかつてのアルゼンチンのように先進国から途上国へと没落してしまったら、やはり口惜しいと感じてしまう。それが自然現象ならば諦めがつくが、人為的現象の結果というならば、やはり人為によって食い止められるべきではないだろうか。

今私達は、ＡＩが経済や社会に途方もないインパクトを与える時代のとば口に立っている。ＡＩが進歩し普及すればするほど、生産活動にとって労働者の頭数ではなく、頭脳のレベルの重要性が増してくる。そんな時代にあって、知力を軽視する我が国は、このままいくと没落せざるを得ない。

しかしながら、自然現象ではないのだからこの没落は食い止めることができる。政府、行政機構、大学、企業など、日本のあらゆる組織が未来に向けての積極的な取り組みを開始しなければならない。

日本の〝人口減少〟の実相と、その先の希望
――シンプルな統計数字により、「空気」の支配を脱する

藻谷浩介

１９６４年山口県生まれ。地域エコノミスト。日本政策投資銀行参事役を経て、現在、㈱日本総合研究所調査部主席研究員。東京大学法学部卒業。米コロンビア大学経営大学院卒業。著書に『実測！ニッポンの地域力』『デフレの正体』『世界まちかど地政学』、共著に『里山資本主義』（ＮＨＫ広島取材班）、『経済成長なき幸福国家論』（平田オリザ氏）などがある。

はじめに

日本を動かしているのは、政治家でもマスコミでもブロガーでもなく、「空気」である。山本七平の指摘した当時と何も変わっていない。

「空気」とは、日本語の言語空間に累積的に形成されてきたある種のコンセンサス、というよりも共通の「思い込み」のことだ。これが、日本語話者各人の脳内に生まれる個別の疑問や論理的思考を随時上書きしてしまうことで、皆が根拠もなく同じ「イメージ」を共有してしまう。イメージを共有する者は（学歴、職歴、教養とは無関係に、日本人のほとんどがそうなのだが）、それに反する事実を指摘されると、判で押したように「イメージと違う」と感想を漏らす。そしてこの「イメージと違う」という語は、「だから取り合わないでおこう」というのと同義なのだ。

たとえば「東大法学部卒業生が世の中の実権を握っている」というような、まるで「巨人軍は球界の盟主です」というのと同じくらい時代錯誤のイメージが世間には存在するが、安倍政権を切り回す面々を見てもわかるように、いやすでに小泉政権の頃から年々ますますそうなっているのだが、そのような実態は政界にはもはやまったく存在しない。上場企業からベンチャー企業までの有力経営者の学歴を確認すれば明らかだが、経済界ではなおのことである。官界にはまだ旧態依然の部分も残っているが、その官界は今や、政界に完全に頭を押さえられている。

しかし実態がないこと、反証が目の前にありすぎるほどあることは、空気ないしイメージ自体には一切傷を与えない。空気とはそういう構造なのだ。

空気ないしイメージが変わるのは、黒船来航や第二次大戦敗戦や石油ショックや東日本大震災のような圧倒的な事実が襲来し、各人が同時にそれに直面するタイミングだ。つまりよほどのカタストロフィーがないと動かない。しかし、福島原発事故やその後の東芝の経営危機といった事実が、原子力発電の経済的非合理性を明確に示しているにもかかわらず、原発の存続に固執する政策が一定の支持を得ているように、事実の与えたショックがかえって、むしろ過去の過ちを正当化し続けたいという欲求を喚起して、過った方針への拘泥を生むということも多い。東日本大震災の津波で、航空自衛隊松島基地の高価な戦闘機が28機も海に呑まれてしまったという事実に目をつぶり、沖縄トラフの正面海上に軍事滑走路の建設を強行しているのも同じだ。現在の日本で「保守」を自称する個人や集団は、「いかに事実に反していようとも、空気を信じ続けるぞ」という「空気保守」の決意を固くする点で、志を同じくしているように見える。

そうであっても、第二次大戦の反省に立った山本七平が「空気には水を差せ」と言ったように、間違った思い込みに対しては、事実に基づいた反証を挙げ続けることが必要だ。そうやって空気が少しでも現実と整合するものになるように調整努力をしていないと、空気に従って集団自殺に走った過去を繰り返しかねないし、また本当に圧倒的な現実に直面した際のハレーションも大きくなる。つまりは社会の不安定性が増してしまう。自称「保守」が「空気を保守」し続けた結果、社会が保守できなくなる（ひどい場合崩壊する）というのは、歴史上に眺めても、あるいは現在の世界各地を見ても、たいへん普遍的にみられる現象なのだ。

以上のような話を長々と書いたのも、以下に述べる人口を巡る事実（いずれも客観的な統計数字で議論の余地なく明らかになる事実）が、いわゆる世の空気に大きく反しているからである。普通に読まれれば「イメージと違う」（だから無視していい）という扱いを受けることが必至だ。あらかじめ繰り返しておくが、世の空気はむしろ客観的な数字の示す事実に反している場合がたいへんに多い。どうか「イメージと違う」という言葉で思考停止されないように、ご不審であれば原数字をネットなどで確認されながら、読んでいただきたい。

東京都の人口増加は高齢者の増加

「地域間格差」というものは、日本人各位の脳内の「イメージ」の中に、確固として巣喰っている。「格差はけしからん」という層も、「格差は仕方ない」という層も、格差そのものの存在は前提として認めている。なぜなら、それが世の空気だからだ。

どうみても自分より広い家に住んで余裕のある生活を送っている地方在住者をみたと

きの都会人の驚き（高齢者になるほど、この都会と地方の逆格差は大きくなっているように思う）。あるいは、「都会でも離島でもコンビニの品ぞろえは同じだし、スマホに出て来る画面に違いはない」という当たり前の事実へのちょっとした気づき。しかしそれらは、各人の脳内に生ずることがあったとしても、あっという間に、「地方は都会より遅れている」という空気に上書きされてしまう。

なぜそこまで「地域間格差」というイメージは強固なのか。それは人口増減という簡単な数字の裏打ちがあるからだ。

図1は、2010年→2015年の5年間の人口増減数（国勢調査準拠）の比較だ。図1の通り、人口が順調に増えているのは東京都だけであり、神奈川県、愛知県、埼玉県、沖縄県、福岡県が少しだけ増加、千葉県と滋賀県がごく微増、という状況である。今起きている事態が、「都会と地方の格差拡大」ではなく、東京都と他道府県の格差拡大であることが、強く実感される。

だがこうして東京で起きている急速な人口増加も、実はもっぱら「高齢者の増加」なのである。「空気」の世界では、「人口増加」といえば当然に「現役世代の増加」であり「納税者の増加」なのだが、実際に各都道府県で増減している人口を年代別に分解すれば、図2の通りだ。なお図2を含む本稿での年齢別人口の数字は、2％程度存在する国勢調査への年齢未回答者を、年齢回答者の年齢比に応じて按分して算出したものであり、総務省のホームページに出ている国勢調査結果をそのまま加減した数字とは、僅かだが

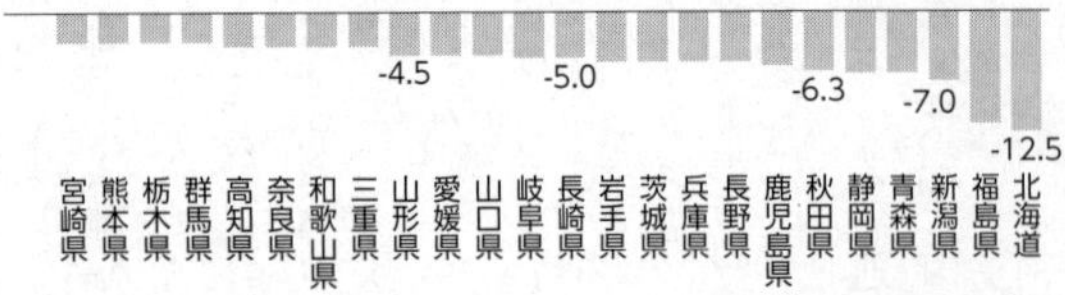

総務省「国勢調査」より作成

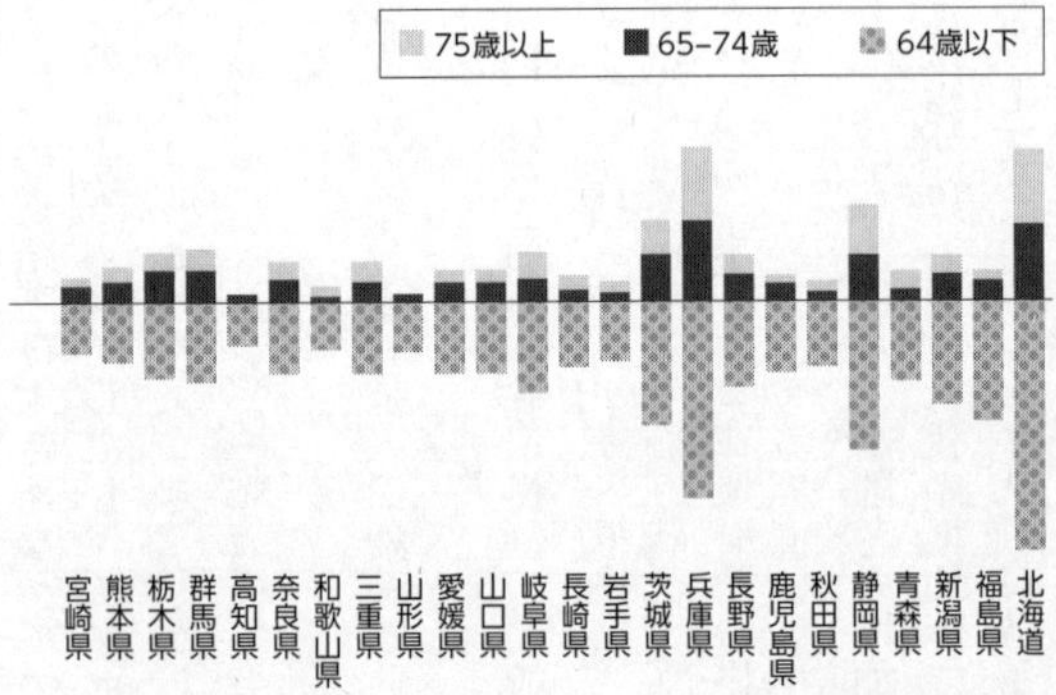

総務省「国勢調査」より作成
年齢未回答者は、年齢回答者の年齢別比に応じて按分

図1　人口増減の比較 2010年→2015年

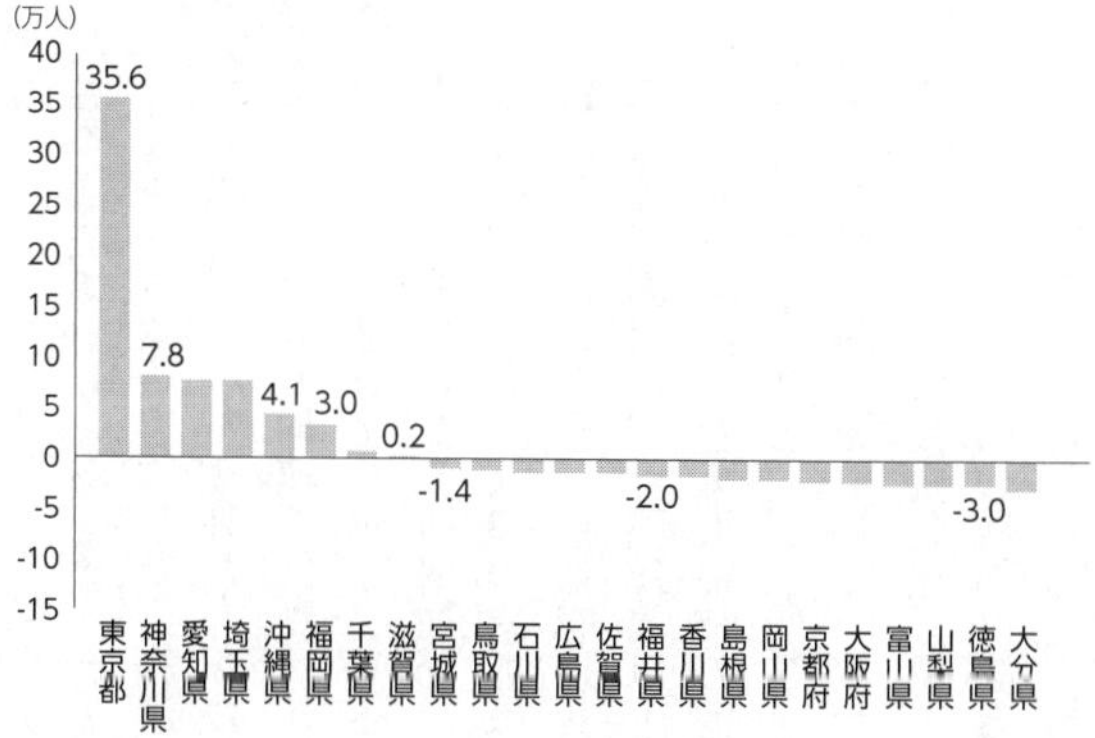

図2　年齢階層別人口の増減 2010年→2015年

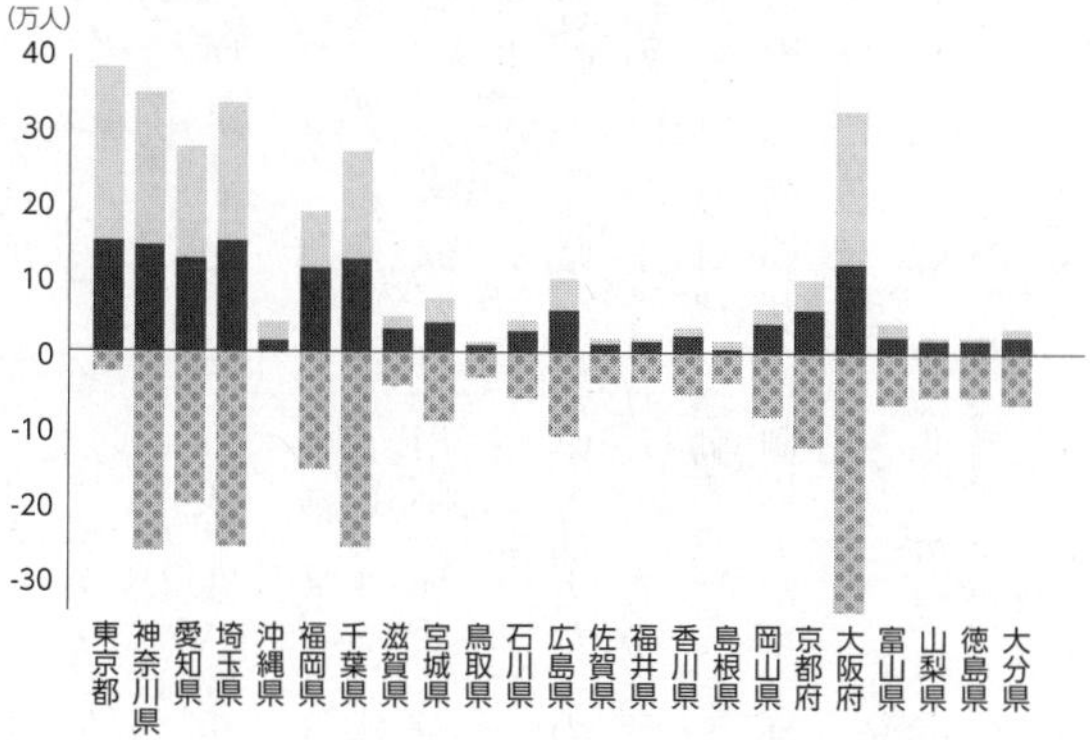

ずれが生じていることをご了解願いたい。

それはともかく図の示すように、2010年→2015年に東京都で約36万人増えた人口のうち、3人に2人にあたる23万人は、75歳以上の増加である。残る3人に1人は65～74歳の増加であり、64歳以下の人口は3万人減っている。「東京一極集中は加速している」と述べる政治家、学者、経済人、マスコミ関係者、ブロガーの中に、この単純な事実を確認している人は何人いるのだろうか。加速は加速でも、これでは「後期高齢者の東京一極集中」の加速ではないか。

実際のところ、2010年→2015年に全国で増えた75歳以上人口213万人のうち、9人に1人が東京都での増加だ。これに埼玉県、千葉県、神奈川県を加えた首都圏一都三県では、75歳以上人口の増加は76万人となり、全国の36%、3人に1人以上となる。これにさらに大阪府、京都府、兵庫県、滋賀県、奈良県、愛知県を加えたものがいわゆる三大都市圏だが、全国75歳以上人口の増加の61%、130万人が、この三大都市圏で生じている。高齢者医療福祉の需要は後期高齢者の絶対数に連動する性質があるので、「最近日本で激増している高齢者医療福祉負担の、増加分の1割以上が東京都、6割以上が三大都市圏で発生している」と述べて大筋間違いはない。

ちなみに日本の三大高齢化先進県といえば秋田県、島根県、高知県だが、この3県を合わせても75歳以上人口の増加は2万人で、全国での増加の1%に過ぎない。その中の島根県を例に取れば、新たに75歳を超える県民よりも、亡くなっていく75歳以上の県民の方が多い趨勢にあり、都会から里帰りする、あるいは県内の高齢者施設に都会から入居する75歳以上人口が少数あるおかげで、わずかに後期高齢者が増加している。高度成長期に一方的に若者を都会に出す側だったため、もはや「年寄りのなり手が少ない」状態で、遠からず高齢者の絶対数は減り始めると予測されている。そうなっても島根県の「高齢化率」（総人口の中に65歳以上の占める比率）は高いままだが、高齢者医療福祉負担の絶対額は、年々減って行くことになるのだ。反対に、現在40歳代の団塊ジュニアを大量に受け入れた東京都で高齢者の絶対数が減り始めるのは、まだ何十年も先のことである。

こうした事実は、「高齢化は、過疎地ほど深刻だ」という世の空気に真っ向から反している。その空気はといえば、もっぱら上記の「高齢化率」の比較を根拠にしているのだが、上記のように高齢者医療福祉の需要は75歳以上の後期高齢者の絶対数に連動しているのであって、65歳以上の数字をもとに算定した高齢化「率」はそれとは無関係だ。高齢化率が幾ら高くとも、後期高齢者の数が減れば医療福祉負担は減るし、高齢化率が低くとも、後期高齢者の数が増えて行けば医療福祉負担は増える。

「高齢化率は、受益者と負担者のバランスを反映するので意味がある」と正当化する向きがあるが、日本では医療保険も年金も全国一元であり、介護保険でも市町村別の負担は一部に過ぎないので、国別の高齢化率の比較に意味はあっても、都道府県別や市町村別の高齢化率の比較にはあまり意味がない。他方で、高齢者福祉施設や医療体制の整備は都道府県や市町村主体に行われているのだから、需要の増減を直接に導く後期高齢者の絶対数の増減こそ、都道府県別、市町村別に比較する意味がある。これがわからないのでは、「空気」の奴隷のようなものだ。

若者の流入を自らの少子化が打ち消す東京都

「それにしても」とご不審の方が多いはずだ。「東京都には若者がどんどん流れ込んでいるのではないのか。なのになぜ64歳以下の人口は減っていて、65歳以上だけが増えているのか」と。そう考えるのは、「若者が流入さえすれば、当然に現役世代の数は増える」という「空気」に染まっているからだ。だが実際には若者の流出入以外にもう2つ、見過ごされている重要な変数がある。その2つの変数のために、幾ら若者が流入しても、東京都の現役世代の数は増えない。図2にはなかったが先に結論だけを数字で確認すれば、2010年→2015年の東京都の15〜64歳(生産年齢人口)は、8万人の減少だ。

ここで少々脇道にそれるが、東京都在住の0〜14歳の子どもは、同じ5年間に5万人増えている。だがそれは東京都の、1・24と極端に低水準の合計特殊出生率が改善したからではなく、主に周辺の県から子連れで都心のマンションに引っ越して来た家族が多かったためだ。

東京都以外では沖縄県でのみ0・2万人子どもが増えたが、こちらは合計特殊出生率が2に近く、多くの子どもが生まれ続けていることに起因する。同じ増加でも、転入に依存する東京と、自前の出生で増える沖縄とでは、要因はまったく異なる。まるで、FAに依存する在京球団と、自前の育成にこだわる地方球団の対比のようだ。

それはともかく、人口が急増してきた東京都でも生産年齢人口（15〜64歳）は減っている。もちろんこれをもって「地方の方が東京よりも良い」と言っているわけではまったくない（正確には、地方の中でも唯一、沖縄県だけは生産年齢人口がほとんど減っておらず、東京都よりも恵まれている）。「地方が厳しい分だけ東京が浮かび上がっている」というわけではないということなのだ。筆者はよく、傾きながら沈みゆく船の船首と船尾にたとえるのだが、船尾が先に沈んでいくのを見て、船首に集まった人たちが「やーい、やーい、あっちが先に沈んだ」と喜んでいるような光景を、「人口増の東京だけは大丈夫」と勘違いしている人に会うたびに想起してしまう。実際には東京ももう沈み始めているというのに。

それにしても、東京都の子どもが他道府県からの転入で増えたのであれば、生産年齢人口も転入で増えなくてはおかしいのではないか。そこでここで本筋に戻り、東京都を含む各都道府県の生産年齢人口はどうして減ったのかを、3つの要因に分解しよう。

ある地域で2010年→2015年に生じた生産年齢人口の増減は、以下の4つに分けられる。

①２０１０年時点で住んでいた10～14歳人口
②２０１０年時点で住んでいた60～64歳人口
③２０１０年時点で10～59歳だった世代の、２０１０年→２０１５年の間の転出入
④２０１０年時点で住んでいた10～59歳の、２０１０年→２０１５年の間の死去
⇓２０１０年→２０１５年の間の生産年齢人口の増減　＝①－②＋③－④

上記のうち④は、平均寿命の長い日本ではほぼ無視できる。筆者が３つの要因と述べたのは、従って、上記①②③である。国勢調査は5年ごとの10月1日に行われるので、以下では上記を、すべて10月1日基準で計算する。

③はややこしい書き方をしているが、要するに現役世代の転出入のことで、これが生産年齢人口の増減に直結することは、世の空気も認める通りである。だが空気の問題点は、①と②を忘れて③だけで結果が決まると勘違いしていることだ。③をも打ち消して東京都の生産年齢人口を減らしたのは、②である。正確には、②＞①であったことだ。

①②③の計算方法について、説明を加えよう。まず①の、２０１０年時点で住んでいた10～14歳人口は、２０１０年→２０１５年の間に等しく15歳を超える。つまり、生産年齢人口を増やす要因となる。その中にはその5年の間に地域を出て行ってしまう人もいるわけだが、そちらの数は③に反映される。

次いで②の２０１０年時点で住んでいた60～64歳人口だが、この方々は２０１５年に

は等しく65歳を超えるので、その5年の間に地域を出て行こうと留まろうと、その全数がそのまま生産年齢人口を減らす要因として働く。

この①②は、2010年の国勢調査結果から確認できる。そして、沖縄県を除く46都道府県では、①<②となっている。①は10〜14年前に生まれた子ども世代であり、②は60〜64年前に生まれた団塊世代なのだが、全国の数字でいえば①が597万人に対し②は1011万人で、比は3：5だ。つまりその間の半世紀に日本は子どもを4割も減らす少子化を体験しており、その結果が日本全体、および各都道府県での生産年齢人口減少につながっているわけだ。ちなみに東京都では、①は50万人、②は92万人であり、比率は1：2に近い。全国より出生率が低く、平均以上に少子化が進んでいるためである。別の言い方をすれば、高度成長期以降の半世紀に東京都に流れ込んだ若者は、地方に留まっていた場合に比べて、より少ない子孫しか残せなかったということになる。

では③はどう算定するか。5年おきの国勢調査では、その間にどこからどこに引っ越したかは聞かれない。だが、2010年の10〜59歳人口と、2015年の15〜64歳人口の差を取ることで、③−④が算定できる。この間に転出入も死亡もなければ、両数字は一致するからだ。一致しないとすれば、それは2010年に10〜59歳だった世代が、この5年間に地域から出て行ったか亡くなった、あるいは入ってきたからである。実際には死亡者数はほぼ無視できるので、③≒「2010年の10〜59歳人口」−「2015年の15〜64歳人口」という計算式が成り立つ。

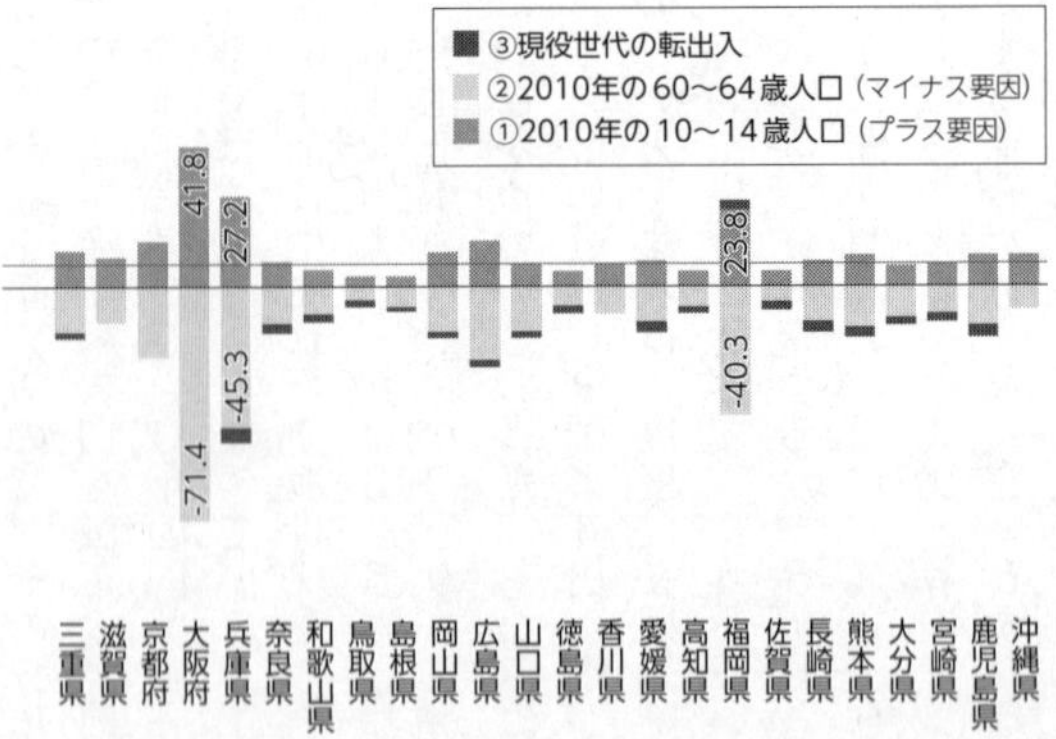

総務省「国勢調査」より作成
年齢未回答者は、年齢回答者の年齢別比に応じて按分

ようやく数字をお示しできる。図3は、①、②、③（正確には③－④だが④は無視できる）を各都道府県についてみたものだ。３つの指標のうちもっとも色を濃くしてあるのが、③現役世代の転出入だが、図の通りこの要因はほとんど目立たない。空気の世界では「若者の移動が地域の盛衰を決める」とされているのだが、現実は②－③の方が、つまり高度成長期における団塊世代の流出入の度合いと、その後半世紀間に進んだ少子化の程度の方が、圧倒的に現役世代の数に影響している。

団塊世代は、高度成長期に地方から都会へと大挙して進学、就職した世代なので、地方よりも都会に分厚く居住している。その結果、彼らの加齢による65歳超えは、地方よりも都会においてより大き

図3　生産年齢人口増減の要因分解

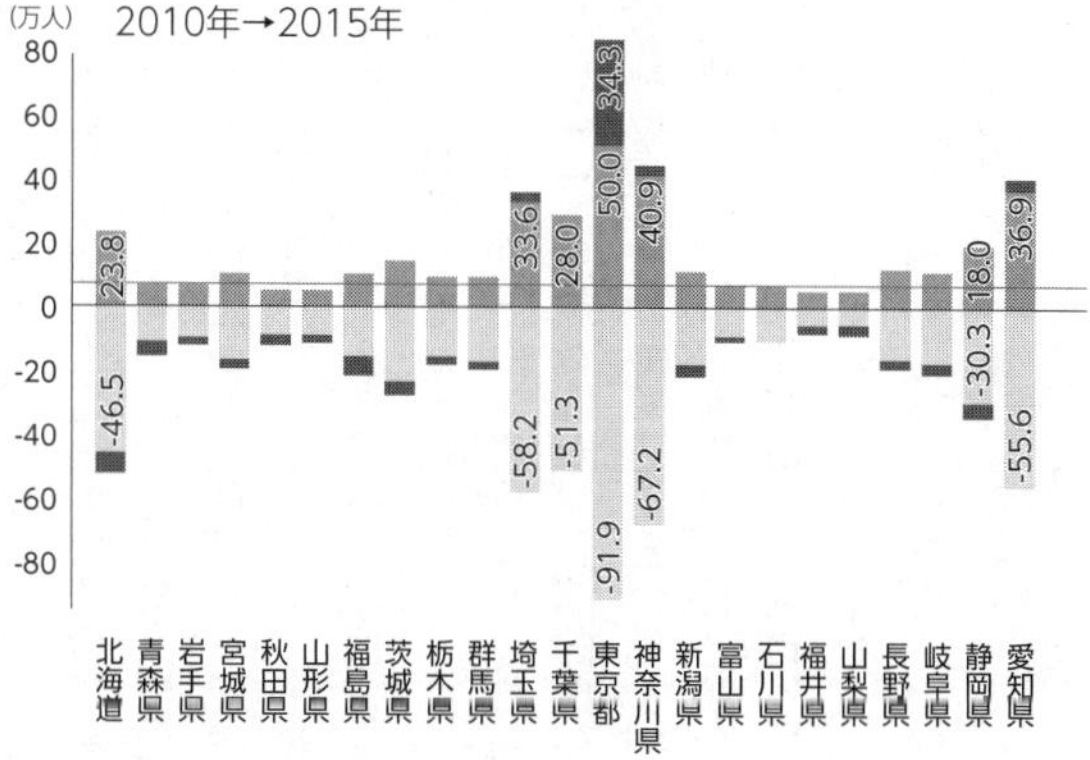

く、生産年齢人口の減少に寄与しているわけだ。

　東京都についていえば、①が50・0万人、②が91・9万人、③（正確には③－④）が34・3万人となる。生産年齢人口増減＝①－②＋③＝△7・6万人、となっているわけだ。5年間に差し引き34万人以上の現役世代が都外から都内に転入したにもかかわらず、この間に65歳を超えたいわゆる団塊世代が92万人もいたために、より正確には60～64年前に生まれた団塊世代に比べて10～14年前に生まれた子ども世代が42万人も少なかったために、現役世代の総数は8万人減少せざるを得なかったのである。これを一言でいえば、過去半世紀で進んだ自らの著しい少子化を、地方から人口を奪ってくることではもはや補えなくなっているということだ。

これまたプロ野球に例えれば、自前での選手育成能力が低い分を、他球団からのＦＡで補ってきたものの、結局選手層が薄くなってしまっている、在京某球団のようなことが、東京都全体でも起きているのである。

地方に関しても、「都会に若者が出て行ってしまうから人口が減っているのだ」と皆が思っているのだが、実態はそうではない。①＞②となっている沖縄県を除けば、自ら少子化してしまっていることが、生産年齢人口減少の最大の要因なのである。沖縄を除く全都道府県で①＜②であり、仮に都会にまったく若者が出て行かなくとも現役世代が減ることは免れなかったのだ。

結局、①＝②となるような状態を実現できた（より正確に言えば各世代の数が大きく変わらない）地域だけが、長期的に存続可能なのである。自ら子どもを減らし、その分を他地域から奪ってくることで補ってきた東京都のような都会は、地方で子どもが減るのに連動して、自らも現役世代を減らしていかざるを得ない。出生率の著しく低い東京都（地方でいえば札幌市や福岡市）に若者を集中させればさせるほど、彼らが遺す次世代の数も減り、ますます日本全体の人口減少が加速する。「東京ブラックホール」論とも言われるこの見方は、センセーショナルにも聞こえるだろうがまったくの事実である。

以上の事実認識を押さえた上で、日本創成会議が中公新書から出した『地方消滅』『東京消滅』の２冊を冷静に読んでいただければ、何が本当の問題なのか理解できるだろう。あるいは筆者が2010年に世に問うた『デフレの正体』を再読くださると、当時の指摘が事柄の本質をとらえていたことが、改めてご理解頂けるものと思う。

地方にこそある生き残りの可能性

以上のような話を聞くと「日本はもうだめだ」と絶望する向きがあるかもしれない。だがそれは2つの点で間違っている。

第一に、①＜②となっているのは日本だけではない。以下は国際連合人口部のホームページにある世界各国の2015年の人口推計と、今後の予測（中位推計、移民ありケース）に準拠して述べるが、世界最大の人口を擁する中国も、数年前からそのような状態に突入している。韓国や台湾も同様だ。米国や欧州、それに東南アジアでも、東アジアほど急速ではないが少子化の傾向が始まっている。引き続き明確に①＞②なのはインドから中近東、アフリカにかけてだけだ。だが彼らも、生活水準の向上に伴って欧米や東アジアのようになっていくことだろう。

ちなみに2020年以降の世界では、日本では世界に先駆けて高齢者の絶対数の増加が止まるのに対し（その中でも首都圏でだけは増加が続くが、地方では軒並み減少が始まる）、欧米ではなお増加が続き、中国や韓国、台湾では欧米のペースを大きく上回る急増が続く。他方で生産年齢人口は、日本では世界に20年以上先駆けて1995年にピークを迎えたのだが、中国や韓国、台湾でも2015年をピークに減少に転じ、欧米でも増加がほぼ止まる。日本だけが駄目なように言われていたのは、過去の話になるのだ。「空気」が事実と連動して改まるかは別問題だが。

世の中には「移民を入れれば子どもが増えるだろう」という空気があるが、事実としては、大量の移民を受け入れている米国でも、シンガポールでも、もう子どもの絶対数が減り始めている。子育てにお金のかかる、出生率の低い地域に来た移民は、そこの先住者同様に子どもを産まなくなるのだ。東京が少子化しているのと理屈は同じなのだが、なぜか「移民はどんなに困難な条件の下でも子どもを産んで増えていく」という空気のような思い込みがあるので、現実を直視してそのような謬見《びゅうけん》を改めるよう、注意しなくてはならない。

それはともかく世界は、自動的な少子化、その結果としての人類社会のサスティナビリティの向上に舵を切りつつあるのであり、その勝者は地球環境やそれに依拠する未来世代、敗者は人口増加に依存して不労所得を増やしてきた金融投資家ということになる。「日本はもうだめだ」と絶望することが間違っている根拠の第二は、高齢者の数が増えなくなった過疎地において、少子化の止まる自治体が増え始めていることだ。

団塊の世代が平均4人兄弟であったのに対し、今生まれている子どもは平均で1・4人兄弟なのだから、①=②、ないし①>②となる自治体はなかなか現れない。例外は、よほど多くの団塊世代を都会に出してしまった著しい条件不利地域か、あるいは戦争の惨禍の後遺症で終戦後早々には子どもが少なく団塊世代が形成されなかった沖縄県だけである。だが、現在60代の団塊世代ではなく、現在の親世代（30歳前後）の数と子どもの数を比較すれば、最近の少子化が食い止められている（親の数なりに子どもが生まれている）地域が、全国に散在していることがわかる。

筆者は、ある地域における親世代の数と乳幼児の数を比較し、両者の水準が同じになっているかどうかを判定することで、次世代がきちんと再生されている地域なのかそうではないのかを数値化している。どんな地域でも（市町村はもとより国単位でも、自治会単位でも、マンション単位でも）できる簡易な判定法が、25～39歳を親世代とし、0～4歳を乳幼児世代として、前者300人に対し、後者が100人いるかどうかをみることだ。実際には24歳以下や40歳以上でも子どもは産むので、後者の数字が100人あれば、親世代の数を超えた水準の数の子どもが生まれている（つまり合計特殊出生率も2を超えている）ということになる。ざっくり言えば、後者の数字95人＝出生率2と思っていただきたい。

実際の計算法としては、25～39歳の数を3で割って0～4歳の数と比較し、これが100：100なら健全、100：70とか50とか、後者の数字が小さいほど子どもが生まれていないということになる。後者の数字を％表示して、「次世代再生力」と名付けることにしよう。この次世代再生力は簡単に計算できるうえ、過去5年間の出生の累積の結果なので、毎年上下する合計特殊出生率に比べ、地域の構造的な状況をあぶり出せる。

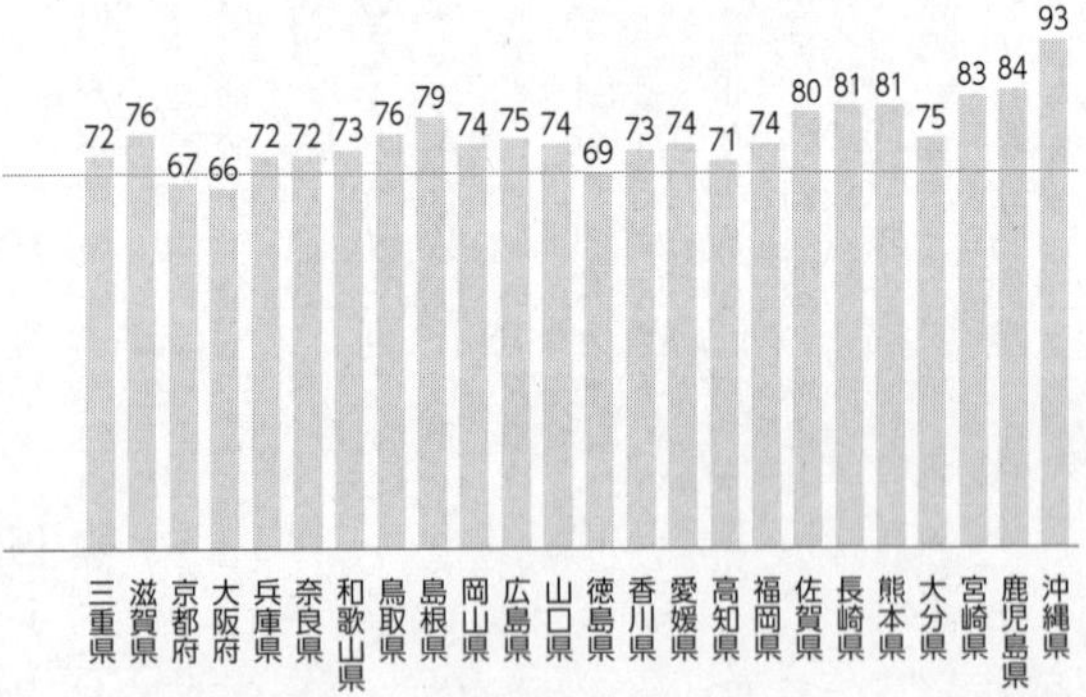

総務省「国勢調査」2015年より、年齢未回答者を年齢回答者の比に応じて按分して試算
次世代再生力：0～4歳人口÷（25～39歳人口÷3）

二点注記する。第一に、24歳以下の若者も子どもを産むのに親世代に算入していないのは、この世代には大学生が多く、進学で大都市に集住している傾向が強いからだ。つまり20代前半を算入してしまうと、大都市の数字を実態以上に低くしてしまう。

第二に、合計特殊出生率は女性の数と子どもの数を比較して算定するものであり、男性の数は考慮されていない。だが上記次世代再生力は、男女を区別せずに算定したものだ。子どもを産み育てるのは女性と男性の共同作業であり、「女が産まないから子どもが減る」という世間にありがちな見方に対しては「男が結婚せず子育てにも協力しないからこそ子どもが減る」という見方のほうが正確であることを指摘せねばならない。いずれに

図4　「次世代再生力」の比較

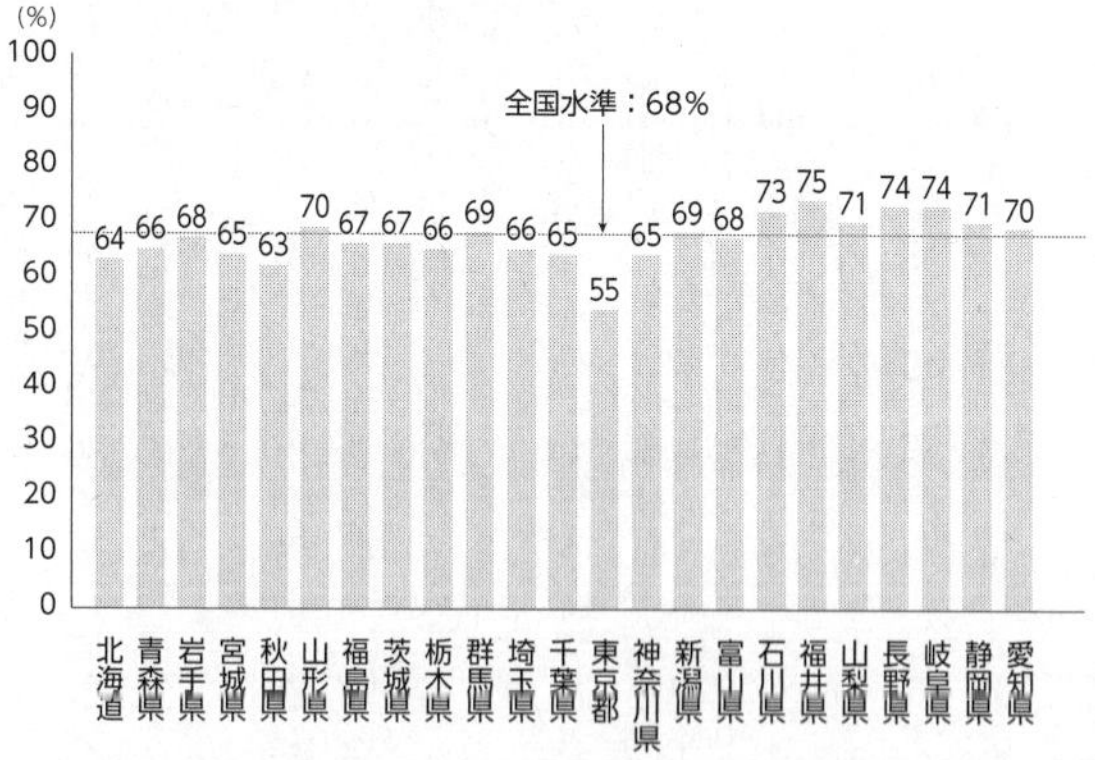

せよ、若者の数に応じて子どももいるかどうかは、人間という生物の生態系がその地域において正常な状態にあるかどうかを判定する有効な指標なのであり、その判定には男女を一緒に扱った方が妥当だ。

さて2015年国勢調査にみる実際の数字だが、まず日本全体の次世代再生力は、68%だ（各地域に1～2%弱存在する年齢未回答者は、年齢回答者の比に応じて按分）。つまり日本では、大筋でいって親世代の3分の2しか子どもが生まれていない。毎年の出生数はいま約100万人だが、親世代が3割減る30年後にもこのような出生状況が続いているとすれば、出生数は70万人未満になってしまう計算だ。非常にざっくりした計算だが、70万人の出生者が平均80年生きるとすれば、70万人×80年＝５６００万人。つまり出生者数70万人／年というのは、日本の総人口が６千万人を切るという水準なのである。ちなみに団塊ジュニアが生まれた１９７０年代前半（昭和40年代後半）には、年間２００万人の新生児が産まれていたので、現状はちょうどその半分、30年後には3分の1という計算になる。

図4に、都道府県別の次世代再生力を示した。沖縄の93％を筆頭に、明確に西高東低になっている。

図にはないが、大都市の場合、最も状況がましなのが広島市（75％）で、次いで北九州となり、他は60％前後の水準に低迷している。東京特別区となると52％だ。全国から集まる若い世代が、自分たちの半分しか次世代を遺せていない、本当のブラックホール状態である。

だが東京がつぶれても日本がつぶれるわけではない。次世代再生力が１００％を超えている市町村、つまり親世代の数と同等以上に子どもの生まれている市町村も、全国には沖縄県内を中心に40ある。これが90％であっても当面問題は生じない水準だが（24歳以下や40歳以上も出産するので、合計特殊出生率は2に近い）、ここまで基準を下げれば１１０の市町村が該当する。その多くが離島や山間過疎地だ。過疎地は子どもが少ない、という安易な先入観があり、事実そういう過疎地も数多いが、他方で子どもを大事にし、つまりは子育てをしている若い世代を大事にしている過疎地域もちゃんとあるわけだ。

同じ日本人が営む現代日本社会の中に、これだけ大きな差が生じているということは、何を示しているのか。日本人自体のDNAに何か変化が起きているというような話ではもちろんなく、問題は暮らし方、生活環境の変化にあるということだ。生活環境さえ是正すれば、子どもは再び増える。なぜならDNAはそのようにできているからだ。この「DNA本来の潜在力」をまったく無視しているところに、日本の人口減少を徒《いたずら》に悲観する向きの勘違いがある。

生活環境の是正といったが、沖縄のように子どもの生まれている地域にもネットは普及し、24時間営業の店も多いわけで、変化がすべて悪いわけでもない。よく誤解されるが、「女は結婚しろ」というような社会的なプレッシャーの強弱も、秋田県を筆頭に伝統が多く残っていると思われる東北地方の数字が低く、そういうプレッシャーの少ない沖縄の数字が高いことからも推論できる通り、まったく関係がないどころかむしろ逆効果である。直すべきところだけ改めていけば、自由と人権を十全に守りつつ、次世代の育つ環境は復活できる。

ではどうすれば次世代を再生できるのか。一言でいえば、持ちたい人が持てるだけ子どもを持てる社会構造にすることが、解決策である。産まなくてもよいのであって、他人の子を自分の子として育てる親が増えるだけでも、次世代再生力は高まる。「女が皆2人ずつ子どもを産む」のではなく、3人でも4人でも持ちたいだけの子どもを育てる親が増えることが、平均としての出生率を押し上げるのだ。そのためには、子どもを多く持つことによる負担が軽減される仕組みが必要である。南西諸島を筆頭に西日本に多く存在する、次世代再生力の高い自治体は、子どもの多い家庭を社会が温かく助ける気風を遺しているのであり、都会ほど、東日本ほど、そういう相互扶助が少なくなっていると推論されるのだ。

東京の次世代再生力を高める努力はもちろんなされるべきであるが、向こう数十年、後期高齢者の絶対数が増え続けることからみて、大きな改善は難しい。マンパワーも、予算も、余剰土地も、高齢者医療福祉に振り向けられてしまううえ、そもそも食費と家賃と教育費が高すぎて、子どもを1人多めに産むコストが大きいからである。有効なのは、子どもを好きなだけ多く持つことのできる、生活費が安く相互扶助の気風の残る地方に、子どもを持ちたいという指向の強い一部の若者を多く戻すことだ。これだけが、日本の消滅を可能な限り後送りにする、いずれは逆転の人口増加を可能にする秘策である。

人口減少がもたらすモラル大転換の時代

平川克美

1950年東京生まれ。隣町珈琲店主。声と語りのダウンロードサイト「ラジオデイズ」創立者。文筆家。早稲田大学理工学部機械工学科卒業後、翻訳を主業務とするアーバン・トランスレーションを設立。著書に『移行期的乱世の思考』『俺に似たひと』『株式会社という病』『移行期的混乱』『21世紀の楕円幻想論』『株式会社の世界史』など。

人口減少とモラル――損得勘定では対処できない問題系

厚生労働省が発表した数値によれば、２０１７年の出生数は統計を取り始めて以来最低の94万人余り。死亡者数は、１３４万人余りで戦後最高。その差は40万人を超えた。ひとつの都市がまるまる消失したようなものである。こうした状況が向こう数十年にわたって続いていく。

日本における人口減少は、誰の目にも明らかな事実だろう。にもかかわらず、何故人口減少が起きているのか、人口減少の結果として起こりうることについては、何も明確にはなっていない。それどころか、誤解や偏見に基づく居酒屋談義的な「傾向と対策」ばかりが流布されている。

緩慢だが確実な変化に対して、わたしたちはそれがなかったかのようにふるまうか、あるいはあたかも人類史の終わりででもあるかのような誇大な妄想を膨らませるのかのどちらかだ。それを歴史的でもあり現実的でもある問題として考えることができないのである。

その理由はいくつか考えられるが、最も有力なものは、わたしたちが何かを「考える」というときに、多くの場合、それが得なのか損なのかという損得勘定で考えてしまう傾向だろう。しかし、実のところ、損得勘定というのはまさに、「いま・ここ」についての勘定であって、長期的な課題に対してはほとんどどんな意味も持たなければ、指南力を発揮することもできない。損得勘定には時間というものが入っていない。歴史的な問題は、損得勘定では扱うことができない。

そして、人口動態とはまさに、損得勘定からアプローチすれば、とんでもないお門違いな結論を導いてしまうような問題系に属している。

1．前提が違っている

デフレというよりは定常化

このところよく、新橋や有楽町のガード下の居酒屋で繰り返されている会話。

――日本の人口がどんどん減っているんだよね。

――そうそう、なんでも2050年までには、1億人以下になって、2100年には今の半分以下になるらしい。

――そりゃ大変だ。年寄りばっかり増えて、若い働き手がいなくなっちゃうよね。老人ばかりを少ない若者が支えるのは無理があるよ。

――俺たちは年金も支給されるかどうかもあやしくなっているしな。なんで、こんなことになっちまったんだよ。

――女が子どもを産まなくなっているかららしい。

――へえ。それって、若者がセックスしなくなっているからなのかな。男が女性化しているっていう話もあるし。

――女が社会進出だ、自己実現だとか言って、自己中になっているんじゃないのか。

――それを言うなら男だって自己中だよ。やはり、経済成長がなくなって、給料が上がらず、家計が苦しいから子どもつくれないんだよ。子どもって、お金かかるからな。金回りがよくなれば、子どもも増えるよ。

――若者の金回りをよくするためにも年寄りには早いところ退場してもらいたいもんだな。社会の役に立たないようなやつらに支給している生活保護なんてのも無駄だろ。

――そうそう。財源には限りがあるんだから、有効に使えって話だよ。

――それが経済的合理性というもんだろ。

わたしはこれまで、人口減少ということをテーマにした本を二冊書いてきた。『移行期的混乱　経済成長神話の終わり』（筑摩書房）と『「移行期的混乱」以後　家族の崩壊と再生』（晶文社）である。前者の初版は2010年9月で、世界の金融システムを揺るがしたリーマン・ショックの翌々年である。長期的な人口減少は、経済的な現象ではなく、資本主義の発展段階に必然的に起きる社会変化だというのが、わたしの立論の骨子である。

２０１２年に安倍内閣は、経済政策の柱として「金融緩和」「財政出動」「成長戦略」を掲げたアベノミクスをスタートさせた。人口減少問題の解消は、市場の縮減に歯止めをかける意味でも、あるいはまた有効労働力の確保の意味でも、経済成長戦略の最重要課題として位置付けられていたと思う。

しかし、人口減少という問題は、本来は経済政策と同列に論じられるものではないのだ。確かに人口減少は、マーケットの縮小や、有効生産人口の減少を伴うので、経済に重大な影響を及ぼす。しかし、経済政策によって、人口をコントロールすることはできない。つまり、人口と経済は、一方向の相関を持っているだけである。デフレ解消のための量的緩和や、景気対策としての公共事業投資といった一連の経済対策や、年金や保険の社会保障対策を講じるように、人口減少に対する対策を講じることはほとんど不可能なのである。

それが、経済的な処方によって解決可能な問題なのではないとすれば、人口減少とは何を意味しているのか。そして、そもそもどんな「問題」なのか。

それを考える前提として、戦後日本の社会構造の変化を頭に入れておく必要があるだろう。消費者物価指数がマイナスに転じた１９９５年以降、今日に至るまでの物価低迷現象を、政財界、マスコミともに、長期デフレと表現している。

わたしは、これについてはまゆつば物だと考えている。もちろん、消費者物価や資産の減価をデフレというなら、それはデフレだろう。

しかし、それはあくまで、社会現象を経済的な視点からのみ切り取った評価に過ぎない。今年は野菜が不作なので、キャベツの値段が高騰しているというのとかわりがない。何故不作なのか、その原因は経済学では説明できない。

社会における経済的指数は、その社会内部における総体的変化のただひとつの断面に過ぎない。問題があるとすれば、総体的変化において、何が本質的なのかということである。その意味で、デフレは現在の社会状況にとって本質的ではないのだ。

では、何が本質的なのか。それを一言で言うなら、文明史的な定常化現象が起きていると言うべきだと思う。

繰り返すが、総供給>総需要の状態が継続的に続くことがデフレだが、現在起きていることを正確にとらえるためには、単に需給バランスといった経済的な断面を見るだけではなく、社会構造変化の推移を見直す必要がある。

経済の定常化現象と、人口減少、老齢化はひとつながりの問題である。人口減少は経済の基盤である市場そのものの縮小を意味するだろうし、老齢化圧力は社会コストを引き上げるからである。

問題はその因果関係にあるだろう。

すでに述べたが、人口減少は、経済に重大な影響を及ぼすことは間違いのない事実だが、経済が人口問題に対して与えられる影響はわずかでしかないのである。その理由は、人口問題と経済問題では、問題が抱えている「時間の幅」が全く異なっているということにある。経済は短期的な損得勘定の問題だが、人口減少は、長期的な文明の発展段階に起きる社会構造変化の結果なのだ。

もし、この仮説が正しければ、デフレ脱却のために人口減少問題を解消するという問題の立て方自体が倒立した頓珍漢なものだということになる。むしろ、人口減少に合わせて、社会構造を変革してゆかなければならないと考えるべきであり、そのことがまた、人口減少に歯止めをかけることにつながるはずである。政治や経済の政策が働きかけることができるのは、市場のメカニズムの調整といったところであって、個人の内面や、長期的な社会構造の変化の前では、ほとんど無力であるといってよい。

誤解された人口減少の原因

ところで、先の会話は、毎日のように日本のどこかで行われている人口減少に関する議論の典型だが、2007年の松江市の自民党県議の集会での「女性は子どもを産む機械」と言った柳澤伯夫厚生労働相（当時）や、2014年、札幌での「高齢者が悪いようなイメージをつくっている人がいっぱいいるが、子どもを産まない方が問題だ」と言った麻生太郎財務大臣の認識も、似たり寄ったりといったところだろう。これらの発言は、2008年前後から、それまでずっと増加を続けていた日本の総人口が、一転して減少し始めたことに対するかれらの認識の浅薄さをあらわしている。

当時の政治家のスローガンは、右から左まで一様に、経済成長戦略であり、「人口減少に歯止めをかける」だった。わたしは、『移行期的混乱』と『「移行期的混乱」以後』の中で、これらの考え方が、本末転倒したものであり、何故、人口減少に合わせて、経済成長しなくともやっていける戦略をつくらないのかと批判した。

批判の根拠は、経済成長論者たちや、産めよ増やせよと連呼する政治家たちの、人口減少が何故起きているのかについての基本的な認識が全く的外れであることにあった。のちに詳しく述べるが、人口減少は問題ではなく、経済発展と近代化の帰結であると考えるべきなのである。

ところで、人口減少という現実を前にすると、「女性が子どもを産まなくなった」という言説は、一見、あたりまえのように響く。疫病の流行や、大災害といったこと以外に、人口が減少する直接の要因は、「子どもを産まない」こと以外には考えられないからである。疫病の流行も、大災害も継続しているわけではないのに、少子化になる原因は、ほんとうに、女性が子どもを産まなくなっているからなのか。

結論から言えば、女性が子どもを産まなくなっているというのは、嘘である。

嘘という言い方が強すぎるなら、すべての女性が子どもを産まなくなっているわけではないと言い換えてもよい。「女性が子どもを産まないのが少子化の原因」というよう

有配偶率、有配偶出生率、合計特殊出生率

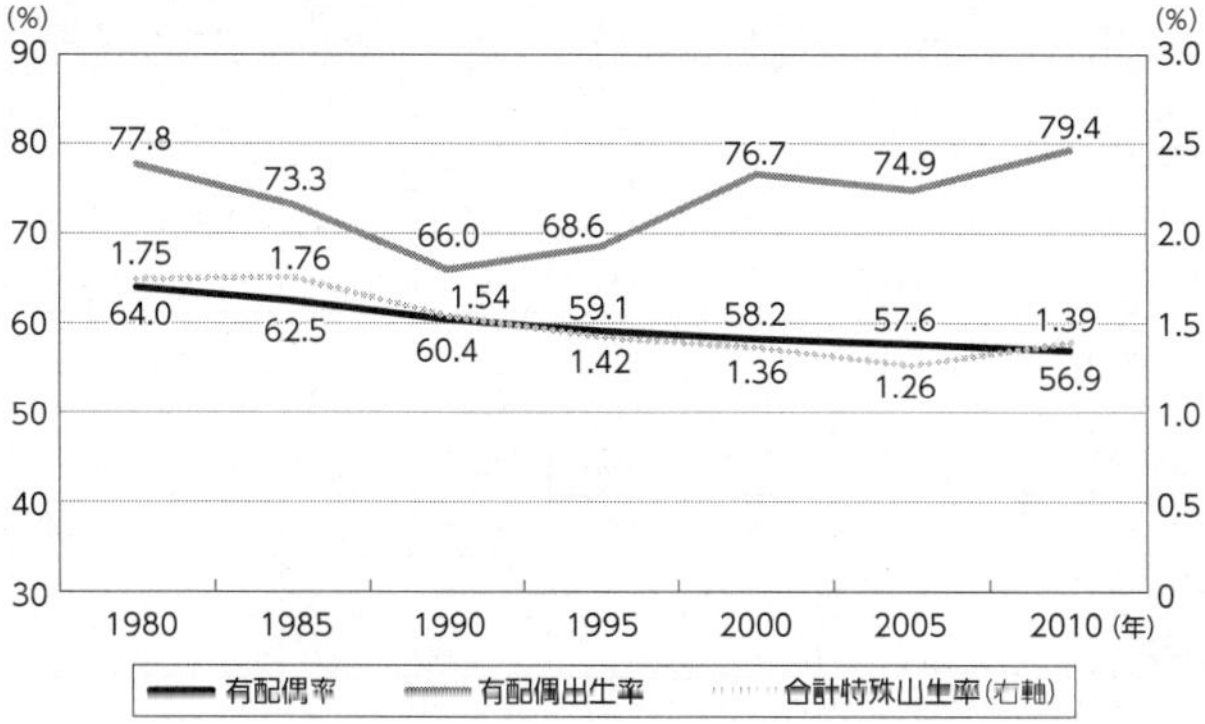

21世紀政策研究所「実効性のある少子化対策のあり方」、厚生労働省「毎月勤労統計調査」より

なもっともらしい言説に対しては、ちょっとした手間をかければ、それが何も言っていないのと同じばかりか、議論をミスリードする作り話であることがわかるはずだ。

上記グラフは、有配偶者の出生率の推移（１９８０年から２０１０年まで）を示したものだが、有配偶者に限れば、出生率は下がってはおらず、むしろ上昇しているのである。

つまり、結婚している女性に関しては、子どもを産まなくなっているというのは、嘘も甚だしいということである。実際の出生数の表も次ページに示しておこう。

この表は、母親の年齢別の出生数を昭和60年（１９８５）から平成22年（２０１０）までの時間幅で見たものである。

これによれば、30歳から39歳までの女

母の年齢（5歳階級）別出生数

母の年齢	昭和60年	平成7年	12年	17年	19年	20年	21年	22年
総数	1,431,577	1,187,064	1,190,547	1,062,530	1,089,818	1,091,156	1,070,035	1,071,304
14歳以下	23	37	43	42	39	38	67	51
15〜19	17,854	16,075	19,729	16,531	15,211	15,427	14,620	13,495
20〜24	247,341	193,514	161,361	128,135	126,180	124,691	116,808	110,956
25〜29	682,885	492,714	470,833	339,328	324,041	317,753	307,765	306,910
30〜34	381,466	371,773	396,901	404,700	412,611	404,771	389,793	384,385
35〜39	93,501	100,053	126,409	153,440	186,568	200,328	209,706	220,101
40〜44	8,224	12,472	14,848	19,750	24,553	27,522	30,566	34,609
45〜49	244	414	396	564	590	594	684	773
50歳以上	1	—	6	34	19	24	20	19

注：総数には母の年齢不詳を含む。

厚生労働省が発表している「平成22年（2010）人口動態統計（確定数）の概況」より

性においては、やはり出生数は増加ないしは横ばい傾向を示している。

著しく減少しているのは、20歳から24歳まで、25歳から29歳までの女性だけである。

厚生労働省の調べによれば、１９５０年の女性の平均初婚年齢は23・０歳。１９８５年では、25・５歳に上昇し、２０１０年には28・８歳にまで上昇している。ちなみに、２０１５年の平均初婚年齢は夫が31・１歳、妻が29・４歳。

つまり、女性の初婚年齢は、１９５０年から、２０１５年までの65年間で、およそ６歳も上昇している。23歳から、30歳までは、女性が最も子どもを生みやすい年齢であることを考えれば、この間未婚であることが、少子化の主要因であることはすぐに分かるはずである。

日本の場合、有配偶率は、戦後、一貫し

て右肩下がりであり、少子化の主要因は、晩婚化であることは歴然としているのである。これが、少子化問題を議論するときの、出発点である。この明白な事実を共有することなく、少子化の是非や、対策を論じることは、かえって問題を曖昧にするだけである。

2. 少子化対策は、モラル革命

晩婚化の理由

少子化の直接の原因は、単純である。それは、結婚年齢が上がったということに尽きる。しかし、なぜ、晩婚化しているのかの原因については、簡単な理由を見つけ出すのは難しい。しかし、それがわからなければ晩婚化に歯止めをかけるような政策は導き出すことはできない。そもそも、個人が、どの年齢で結婚するかということに関しては、政治が介入することは不可能であり、してはならないことである。それこそ、個人の自由であるからだ。

ただ、もし、晩婚化というものが、経済的な事由によるのならば、この世代の所得向上や、子育て家族に対する支援政策を打ち出すことは有効だろう。しかし、それだけでは、晩婚化の歯止めにはならない。その理由を以下に説明する。

晩婚化の理由は、複雑である。様々な要素が絡み合っていることは、想像できる。ひとつ明確なことは、日本の家族形態が権威主義的な大家族から、英米型の核家族へと移行したことである。この、家族形態の変化は、晩婚化と無関係ではないだろう。

統計指標の中で、戦後の70年間以上にわたって一方的に上昇、あるいは下降しているような指標と、上昇や下降を繰り返す経済指標とでは、意味するところのものが全く異なる。

株価も消費者物価指数も就業率も、そのときどきの社会情勢によって変化している。それらは、需給バランスや心理的な要因によって変動する指標である。

対して、寿命や、一世帯当たりの人数（減少へ）や、結婚年齢（上昇へ）は、一方的な趨向性を持った指標である。そこに、コンビニエンスストアの総数や、自動車台数や、テレビの普及を加えてもよいかもしれない。これらの一方的な変化は、戦後日本における近代化、市場化の進展を表現している。科学の進歩というものが後戻りしないように、市場化の進展も後戻りすることはない。科学も市場も、既存の達成の上に、レンガを積むように進化する。株価のように、需給動向や心理的な要因、為替の国際情勢によって乱高下するようなものとは位相が異なっている。これを混同するから、政治家の発言のように「こうすれば、ああなる」といったような直線的な「傾向と対策」になるのだ。

結婚年齢の上昇は、戦後の家族形態の変化（権威主義大家族から核家族へ）および、市場化の進展と密接な相関を持っているというのがわたしの仮説である。正確に言うなら、市場化の進展こそが、家族形態の変化をもたらす要因になったということであり、市場化と核家族化は、結婚して家族を作ることがあたりまえだった日本人の家族観を変更させることになった。お金さえあれば家族に頼らずとも、自由に生きていける時代になったということである。家族は、ひとが生きていくうえでの、安全保障だったが、市場化の進展によってお金こそが安全保障であると多くの人が考えるようになったのだ。

逆に言うなら、権威主義のしがらみから自由になった個人が活躍する場が、市場化の進展によって確保されたということである。市場化こそ、日本の民主主義の進展を後押ししたとも言えるが、その意味では、晩婚化は自由と発展の代償であるといえるだろう。

市場化とは、無縁化でもあり、有縁の共同体のモラルが及ばない場の拡張を意味する。ひとびとは、結婚を忌避して晩婚化したわけではない。むしろ、家族をふくめた有縁の共同体から、自らすすんで逃走しているのだ。その結果として、有縁の共同体である日本の権威主義的な直系家族も解体されていった。

もうひとつの理由は、これと関係があるのだが、消費社会の進展によって、結婚というものを損得で考えるというモラルが定着していったというところにある。主婦業というものが、損得勘定だけで考えれば割に合わない職業であると考える若者が増えている。損得勘定だけを考えるなら、結婚して子どもをつくり、学費や食費がかさむのは、割に合わないということになるのかもしれない。

いずれにせよ、結婚年齢の上昇とは、戦後日本の発展（無縁化・市場化）の帰結であるということになる。

わたしは、結婚年齢上昇に対する対策として、日本的な権威主義的な直系家族に戻れと主張するつもりはない。そうしようと思っても、それはできない相談である。

ただ、結婚を割に合わない主婦業の選択と考えるような、損得勘定のモラルは、変わり得る可能性がある。

少子化対策

もし、晩婚化から早婚化へのベクトルの転換が難しいとするならば、少子化対策として可能な政策はひとつしかない。それは、結婚していなくとも子どもが産める環境を作り出すこと以外にはないだろう。

少子化をめぐる状況を、改善のすすまない日本や韓国と、ある程度歯止めがかかったヨーロッパとの比較で見ていると、顕著な相違に気付く。その相違とは、婚外子率である。フランスもスウェーデンも婚外子率が5割を超えている。ヨーロッパの中で、日本と同じ家族形態を持っていたといわれるドイツでさえも35％という数値を示している。

これに対して、日本の婚外子率は、1桁以上少なく、わずかに2・3％でしかない。韓国はさらに低く1・9％である。つまり、法律婚をしていないで子どもをもうけることは、儒教的なモラルに縛られているアジアにおいてはほとんどタブーのような扱いになっているということである。

日本における少子化対策は、婚姻の奨励や、子育て支援が中心である。フランスやスウェーデンにおける少子化対策は、日本や韓国とは向かっている方向が逆で、法律婚で生まれた子どもでなくとも、同等の法的保護や社会的信用が与えられるようにすることであった。婚姻の奨励や、子育て支援といった個人の生活の分野には、政治権力が介入するべきではないと考えているからだ。むしろ、人権の拡大や、生活権の確保といった方向に、この問題を解決する鍵があるということである。

上記の事実は、ヨーロッパ先進国が婚外子の出産を奨励しているということを意味するわけではまったくない。ヨーロッパにおいては、法律婚に縛られない、もうひとつの家族共同体が現実的に先行しており、そうした法律婚に基づかない家族の権利を法的に認め、社会に位置づけようとしているということだろう。

次ページの図録の出所である、『社会実情データ』の管理人である本川裕氏は、この図録に関して以下のように解説している。

フランスでは99年、事実婚や同性愛のカップルに対し、税控除や社会保障などについて、結婚に準じる権利を付与するパクス（連帯市民協約）法が制定され、結婚や家族の考えが大きく変わった。「パクス婚」と呼ばれ、「合意でなくとも片方の意思だけ

世界各国の婚外子割合

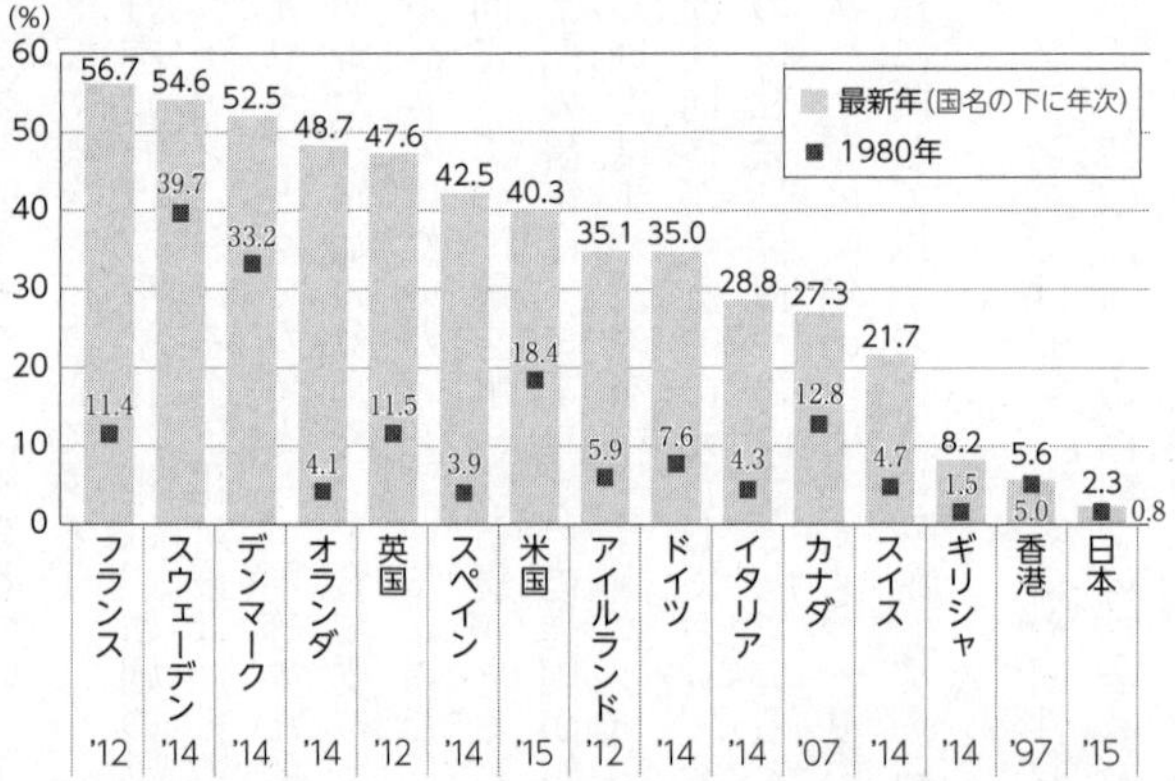

注：未婚の母など結婚していない母親からの出生数が全出生数に占める割合である。1980年のフランス、ドイツ、香港はそれぞれ、大都市地域、西ドイツ、1990年のデータである。

資料：EUROSTAT Fertility indicators、厚労省「人口動態統計」(日本)、米国商務省資料(カナダ)、国連Demographic Yearbook Special Issues 1999 Natality Statistics (香港)

資料出所：社会実情データ図録 (http://www2.ttcn.ne.jp/honkawa/1520.html)

で解消できる」点で結婚より緩やかな形。カトリックの影響で離婚が難しかったことへの反動ともみられる。社会学者のイレーヌ・テリー氏は「家族を形作るのは結婚ではなく子どもになりつつある」としている。

そして、フランスに次いで婚外子率の高いスウェーデンでは1987年の時点で同棲者を保護するサムボ法を成立させた。

フランスの場合も、スウェーデンの場合も、人口減少の歯止めがかかった理由は、結婚年齢の下降ではない。フランスにおいては、女性の初婚年齢は30歳を超えており、高止まりしたままである。スウェーデンにおいても同様である。

つまり、結婚年齢を引き下げるなどということを、外的な強制あるいは、誘発によって行うことは極めて困難であり、そういうことを政治権力が行うべきではないとかれらは考えている。

婚外子率が、5割を超えていれば、出生率と結婚との相関は極めて薄いものになるが、日本や韓国のように、婚外子率が極めて低い場合には、出生率は平均結婚年齢と強い相関関係を持つことになる。

日本の場合には、家族形態は儒教的な価値観が濃厚な権威主義家族が崩壊し、核家族化したのだが、婚外子をもうけることをタブー視するような価値観だけは残り続けているということだろう。

このことは、同性愛者に対する差別や、夫婦別姓に対する根強い抵抗といったこととも同根である。

日本や韓国において、人口減少に歯止めをかけること、あるいは、定常化した社会へとソフトランディングさせるために必要なことは何なのだろうか。

わたしは、それは子育て支援や、育児給付金のような対症療法的な対策（それらの対策を推し進めること自体にはもろ手を挙げて賛成なのだが、それは別の理由による）ではないだろうと考えている。社会構造（家族構成）や、それを支えているモラルの変更こそが、その鍵になる。

では、社会構造やモラルの変更を推進する原動力は何かということだが、わたしは、少子化という現象そのものが、社会構造を変え、モラルを変えてゆくことになるだろうと予測している。しかし、だからと言って、何もしなくてもよい、ただ、自然にまかせていればよいということではない。なぜなら、少子化や老齢化は、生産性の低下を意味することになり、損得勘定に支配されている人々が、効率化のために、社会を分断し、非効率的な部分を切り捨て、結果として非寛容な格差社会を作り上げてしまう可能性を排除できないからである。そして、その動きはもうすでに始まっているといわなければならない。

3. 法律婚による家族とは異なる共同体の可能性

移行期的混乱期とはモラル大転換の時代

現在の日本の現実に目を転じてみよう。

戦後の日本経済は、高度経済成長で始まり、安定成長期に中間層を生み出してきた。

政治的には、アメリカの属国的地位であり続けたが、80年代以降、経済大国となった日本は、アメリカの産業にとって脅威でさえあった。その事実は、多くの日本人に経済の力を信じさせるに十分なものであった。

80年代後半のバブルの時代は、貨幣信仰の時代だったともいえよう。お金さえあれば、広い家や高級な食事だけではなく、権力も、自由も、文化も買うことができる。お金されあれば、ひとりでも生きていける。たとえば、手にコインを握りしめてコンビニエンスストアに行けば、出所来歴職業に関係なく、夕食の食材を手にすることだけはできる。お金は、面倒な手続きや、付き合いや、おべっかを使うことなく、誰もが自由に生きていくことができるためのマジックツールなのである。ひとびとは、それによって旧来の、しがらみの世界から自由になったとは言えるだろう。それはたんに、しがらみから自由になることだけではなく、あらゆる人間関係の変更、モラルの変更を意味していた。団塊世代ならば共有していただろう、貧者の意地や、金に執着するのは下卑たことだという価値観は、バブルの多幸感の中で吹き飛んだ。誰もが金銭的成功を望み、所有財産が人間の価値基準であるかのような幻想を受け入れたのである。この幻想は、家族関係に重大な変化をもたらすことになっていった。

お金は、人間関係の基層を支えていた、血縁、地縁といった縁故というものの束縛を受けずに、人が社会で生きていけるための道具だったからである。お金があれば、ひとが、他者とつながっていなくとも、自立して生きていくことは可能な時代になることが、社会的発展ということだった。そして、家族が解体しようが、村八分にあおうが、お金さえあれば生きていける世の中にはなったのだ。

こうした、現代の貨幣経済を支えているモラルとはどういうものなのか。人のものは盗んではいけない（私有制）と、等価物は交換可能である（等価交換性）という二つのモラルこそ、わたしたちの現在を特徴付けている市場のモラルだろう。そして、これらのモラルは、貨幣経済を存続させるために、貨幣の出現以後に事後的に作られたものなのである。

現在の先進諸国における人口減少の主要因、もしくはこれに拍車をかけたのが、前に分析したように市場化であり、市場のモラルであったとするならば、市場化以前のモラル、市場とは別のモラルを召喚することで何が起こるのかを考えてみよう。

「お金さえあれば……できる」という条件命題は、確かに真であるが、それは、同時に「お金がなければ……できない」ということも含意している。

確かに、お金がなければ、満足な医療や教育さえ受けられず、明日の米びつさえ開かないという悲惨が待ち受けている。現代社会の問題は、本来は流通することが命だったお金という富が一極に集中してしまい、国家による分配機能が働かなくなっていることだろう。全米で下位50％の総資産が、トップ3人の合計資産に及ばないという事態は、さすがに異常だと言わざるを得ないだろう。全世界の下位50％の資産は、トップ8名の資産とほぼ同じという事態もまた、貨幣経済というものの酷薄な暴力性をあらわしている。グローバルな貨幣経済の最大の特徴は、それを誰もコントロールすることができないというところにある。

貨幣経済のモラル、交換経済のモラルが、富の偏在（偏らせる）を促し、社会を分断し、ひとびとを孤立化させてゆくというベクトルを持っているのだとすれば、富を遍在化（行き渡らせる）し、社会を包摂し、ひとびとを結び付けるベクトルを対置させる必要があるだろう。だが、どうやって？

これに対する簡単な答えはもちろんないのだが、鍵ならある。鍵とは貨幣経済以前のモラルである。

マルセル・モースの『贈与論』によるならば、貨幣以前の経済のモラルは、現在の等価交換のそれとは全く別のものであった。むしろ、倒立していたといえる。たとえば、全体給付のシステムを採用している文明化される以前の部族社会においては、ひとのものは自分のものだというモラル、贈与されたら等価物を返礼してはならないというモラルのほうが、一般的であった。現代においても、国家を持たないロマ族は、他者のものは自分のものでもあるという意識を共有していると聞く。あるいは、イヌイットは等価交換的な意識よりも、獲った獲物を分けあうことを自然だと考えている。かれらの世界では、私有制や等価交換性が作り出すモラルは通用しない。

注目すべきは、これらの前貨幣的な全体給付のモラルが、現代の日本の社会の中にも生き残っていることである。この「モラルの生き残り」は、ひょっとしたら、これからの世界の希望になるかもしれない。

現代社会における等価交換のモラルとは、たとえば「人のものを盗んではいけない」とか「借りたものは返さなくてはいけない」というものであった。しかし、親子関係とか親友関係においては、このモラルはまったく採用されずに、頻繁に返礼なしの贈与が行われている。もし、肉親の間に、等価交換のモラルを採用した場合には、親子関係はかなりギクシャクしたものになるだろう。

親は子どもに、普通に生前贈与を行っている。親が子どもを無償で養育するのは、義務でさえある。現代人は、こうした無償贈与のモラルと、等価交換のモラルを使い分けているわけである。

親子、兄弟という血縁家族や、強い仲間意識で成り立つ共同体の内部では、無償贈与のモラルが一般的であり、その外部との交換においては、等価交換のモラルを使うのである。わたしたちは、自分たちがモラルを何故使い分けているのか、実は自分自身でもあまりよく分かっていない。

バレンタインデーに、若い男子は500円ほどのチョコレートをプレゼントされるが、そのお返しはおそらくは1桁多い何かだろう。少なくとも、ここに等価交換の意識を持ち込んではいけないと、男女ともに思っている。

病気見舞いに対するお返しは半返しである。

神社仏閣に対する賽銭は、ほとんど贈与である。等価物の見返りなどはもとめておらず、むしろずっと大切な家族安寧や、事業の成功を期待している。

現代社会においてなお、等価交換とは違う交換が行われており、その習慣を現代人は手放そうとはしない。この、より多く返すか、より少なく返すことが意味していることとは何なのだろうか。

ありていに言ってしまえば、それは「つながり」である。「借り」ている状態とは、清算が為されていないということであり、清算されるまでは貸し手と借り手はつながっているということを意味している。逆に言えば、清算とは関係が終わったということである。絶えざる関係の清算こそが、資本主義の原動力である。関係の清算とは、商品と貨幣のトランザクション（取引）のことであり、このトランザクションを増やし続けることが、経済的成長ということだからである。貸借関係をそのまま維持することは、トランザクションの停止を意味することである。

古着を仲間内で回していれば、新しいファッション市場は生まれない。

もし、「借り」の状態を、人が生きていくうえで自然な状態であり、生き延びていく知恵であると考えるものがいるとすれば、それは社会の下層に固定化されたひとびとや、過疎化する地方に生きるひとびとであるに違いない。

少子化、過疎化、格差の拡大は、こうしたひとびとを大量に生み出すことになる。そして、おそらくはかれらこそが、新しいモラルの担い手になる。

やむなく陥った、その日暮らしの境遇にあるならば、連帯すること、資産を共有してゆくこと、生活のコストを最小化することで生き延びていこうとするだろう。シェアハウスや、コーポラティブハウスは、居住のコストを下げる。インターネット上のバザー空間は、衣類のコストを下げる。カーシェアリングは、移動のコストを下げる。現実に、限られた資源を共有あるいは、分配、再分配を繰り返すための場ができており、皮肉なことにビジネスもこの新しい市場に参入し始めている。

共同体の運営基準は、損得ではなくてルールである。ルールに従えない人間は排除され、共同体の外部へと追いやられる。そうした追われたひとびとが生きていける唯一の場所が市庭《いちば》だったのである。現代の問題は、この逃れの場所であった市場の価値観が、有縁の場を蚕食してしまったというところにある。古いルールを解体し、合理的な判断を優先させる社会をつくるとは、近代化の別名でもある。しかし、合理性とはこの場合、金銭合理性そのものであって、自然の中で生きることを最適化することを意味しない。金銭合理性の追求は、やがてわたしたちが生きている「場」そのものを毀損し、破壊してしまうかもしれない。公害や、温暖化は、そのひとつの表れだろう。

シェアハウスやコーポラティブハウスといった半共同生活の住人たちは、当初はやむなくそうなったのかもしれないが、その生活の中で思わぬ恩恵を受けることになるかもしれない。その恩恵とは、現代社会が失いつつある有縁共同体の手触りである。

市場化とは、無縁化とほとんど同義である。共同体内部には、市場は生れない。人間社会とは、もともとは共同体的であり、相互扶助的なものであった。共同体的とは、損得勘定とは別の価値観によって運営されているということである。

人口減少社会における社会デザインとは、無縁の世界に有縁の場を設営してゆくこと以外にはないだろう。いったんは、民営化され破壊された、社会的共通資本を再生させていくこと。都市部の中に、家族に代わり得る共生のための場所を作り出していくこと。そして、人類史的な相互扶助のモラルを再構築してゆくこと。

それが可能になったとき、人口減少問題は、もはや問題ではなくなっているはずである。

縮小社会は楽しくなんかない

ブレイディみかこ

１９６５年福岡県福岡市生まれ。96年から英国ブライトン在住。保育士、ライター、コラムニスト。著書に『THIS IS JAPAN　英国保育士が見た日本』『労働者階級の反乱　地べたから見た英国ＥＵ離脱』など。２０１７年、『子どもたちの階級闘争　ブロークン・ブリテンの無料託児所から』で新潮ドキュメント賞を受賞し、２０１９年に『ぼくはイエローでホワイトで、ちょっとブルー』で毎日出版文化賞特別賞ほか数々の賞を受賞。

縮む国の殺伐とした風景

わたしは英国に住んで22年になるのだが、たまに日本にも帰省する。そんな折、最近の祖国ではどのような本が読まれているのだろうと書店に行けば「縮小社会」「シュリンキング・ニッポン」というタイトルのついた本が並んでおり、それらには「楽しい」、または「怖くない」などの枕詞がついていることがある。

しかしながら、実はわたしは、個人的にこれらの言葉に大きな違和感、というか、反感すら抱いている。

というのも、わたしが住む英国もここ8年ばかり「シュリンキング・ステイト」と呼ばれてきたからで、その縮んで行く現状が現地に住むわたしには「楽しい」、または「怖くない」とはとても思えないからだ。

英国では、2010年に政権を握った保守党政権が、戦後最大規模と言われる緊縮財政政策に着手して、財政均衡を国の最優先課題に掲げ、削れるところはすべて削れと言わんばかりに財政支出を削減して国をシュリンクさせてきた。

2010年に自由民主党と連立を組んで労働党政権を終わらせた保守党は、英国の景気後退は労働党政権時代の使いすぎのせいであるとし（2008年のリーマン・ショックの影響は完全無視した）、政権発足後、数週間のうちに緊急予算を発表。すでに労働党政権も行っていた増税と歳出削減では足りないとしてさらに400億ポンドの財政支出削減を宣言して、大幅な福祉・医療・教育分野での削減、公務員削減と賃上げの凍結、付加価値税率の引き上げを発表した。

それは英国の人々が見たこともないような凄まじいスピードでの緊縮財政だった。「ゆりかごから墓場まで」の福祉国家と呼ばれていたこともある国で、生活保護を打ち切られて自宅で餓死した人、失業保険事務所で就労可能と判断された帰り道に病死した疾病者などの、殺伐としたニュースが流れるようになった。2013年にはフードバンクの利用者数が前年比300％になったという衝撃的な数字も明らかになった。

緊縮財政とは、一言で言ってしまえば、財政均衡を目指すことであり、財政支出削減と増税で国の借金を返そうという政策である。財政が縮めば、公共サービスも縮む。学校も、病院も、図書館も、公民館も、規模が縮小されたり、閉鎖されたりする。医師や教員、公務員が減ればサービスの質も低下する。公務員の賃金凍結でストが増え、民間の賃金も上がらなくなる。このような状況でもっとも影響を受けるのは地べたの人びとだ。裕福な層は病院も学校も私立のものを使っているし、福祉なども関係ない。

緊縮財政の影響を受けない層と、緊縮財政の影響をモロに被っている層。英国に再び階級の概念が戻ってきた。前者はあまり生活に変化は感じていないが、後者は不満と怒りをため込んでいるからだ。

その怒りが爆発したのが2016年のEU離脱投票だった。なにしろ、残留派のリーダーが「緊縮コンビ」「民衆の敵」と呼ばれたキャメロン元首相とオズボーン元財務大臣だったのである。右翼政党UKIPや、保守党内の権力争いのために離脱派に回った大物政治家たちが、「病院や学校や公営住宅が不足しているのはEU圏からの移民が急増しているからだ」と言って人々の怒りの矛先を間違った方向に誘導した。まさかの離脱派の勝利に終わったEU離脱投票の背景には、キャメロン元首相とオズボーン元財務大臣によるゴリゴリの緊縮財政があったということは、今、英国メディアで繰り返し指摘されている点だ。

EU離脱投票の結果の責任を取って辞任したキャメロン元首相の後任として首相になったテリーザ・メイは、「いま英国に必要なのは、国の繁栄がすべての人々に行きわたる政治なのです」と演説して官邸に入って行ったわりには、相変わらず緊縮財政を続けている。

おかげで英国が世界に誇る無料の国家医療制度だったはずのNHSは崩壊寸前だ。2018年1月に発表された数字では、現在、イングランドの国立病院救急救命科で到着後4時間以内に治療を受けられる人は全体の22・7%だ。68の国立病院が連名でメイ首相に手紙を書き、予算削減で病院や病棟閉鎖が相次いでいるために患者たちが殺到し、一日に120人程度の患者の治療を廊下で行っている病院もあると訴えている。まるで野戦病院さながらではないか。

救急車で救急救命科に搬送されて、治療を待っている間に亡くなったという人のニュースも珍しい話ではなくなってきた。

「未来の世代に借金を残さないように財政均衡を目指すっていうことは、いま生きている人間を殺して人口の間引きをすることも含むわけ？」

という、笑えないブラックジョークをとばす英国人の友人もいる。

おそろしいことに、英国では平均寿命の伸びが、保守党が緊縮財政政策を始めた2010年から横ばいになっている。英国は世界で最も豊かな国の一つであり、医療技術は発展こそすれ、後退することはない。ならば平均寿命は右肩上がりで伸びていくのが当然だろうが、この伸びが、2010年以降は足踏み状態である。同年以降、健康格差も拡大している。2015年の統計で、高級住宅地と貧困区の男性の平均寿命の差は、イングランド平均で9・2歳であり、女性では7・1歳になっている。これは緊縮財政によるNHSの人員削減、インフラ削減と明らかにリンクしている。

戦争が人を殺すように、経済政策もまた人を殺す。

そう思えば、わたしが廊下で患者の治療を行っている国立病院のニュースを見て、野戦病院を連想したのもあながち的外れなイメージではないのである。

このような殺伐としたシュリンキング・ステイトに住んでいると、縮むことが楽しいなどと安易に言ってほしくない。ポジティヴになることと、リアリティーを直視しないことを混同してはいけないと思うからだ。

ヨーロッパの人口減少

けれども、日本で「シュリンク」という言葉が使われているのは人口が減っているからであって、英国の緊縮財政は経済の話だから、まったく別の話じゃないか、と思われているかもしれない。

それが、そうとも言い切れないのだ。この二つにはリンクがあるということが近年ヨーロッパでさかんに話題にあがっている。

ヨーロッパも人口減少が危惧されており、2015年8月には英紙ガーディアンが「ヨーロッパが人口による大惨事を避けるためにはもっと多くの赤ん坊が必要だ」という禍々しいタイトルの記事を掲載していた。同記事によれば、もっとも人口減少の危機にさらされているのはヨーロッパ南部だ。

中でもスペインは、2008年の金融危機以来、出生率が落ちているのに加え、緊縮財政と不況の影響でEU圏内の他国に移住する人々が急増しているために人口が減少しているし、イタリアは65歳以上の高齢者の割合の増加が懸念材料になっている。もっとも激しい人口減少を経験していたのはポルトガルで、2060年までには人口が現在の1030万人から630万人にまで減少するという予測さえあったが、ポルトガル政府は2015年に反緊縮政策に舵を切り、現在は経済好調で財政赤字も減らしている。他方、2015年の債務危機で再びEUからの緊縮財政政策案を受け入れたギリシャでは劇的に出生率が落ちており、合計特殊出生率が1・3になっている。

欧州南部といえば、昔から大家族のイメージで知られていたが、こうした地域でも若者たちが未来を憂えて結婚したり子どもをつくったりしなくなっているのだ。

ガーディアン紙の記事中で、スペインのビジネス・コンサルタントで社会活動家の男性が、こうした状況の理由は、リーマン・ショック後の経済危機の時期に行われた厳しい緊縮財政だと指摘している。

欧州全土における緊縮財政政策を先頭に立って指揮してきたドイツも例外ではない。ドイツは2015年に、過去5年間における住民1000人あたりの新生児出生数が8・2人となり、日本の8・4人を下回ったとBBCに報じられた。また、2030年までに労働人口の割合が61%から54%まで落ちるだろうと予測され、賃金が上昇し、経済的優位が維持できないだろうと懸念されていた。そのため、ドイツ政府は若い移民の受け入れを提唱し、難民危機でドイツが積極的に受け入れ先になろうとした背景にはこうした事情もあった。

だが、ドイツは出生率の低下を食い止め、上昇させることに成功した。その原動力になっているのはドイツ以外の国籍を持つ女性たちによる出産であり、2014年から2015年の1年間でドイツ国籍の女性たちによる合計特殊出生率は1・42から1・43に推移し、ほとんど変わっていないが、ドイツ以外の国籍を持つ女性たちによる数字は、

1・86から1・95へと上昇している。

これとは逆の現象が起きて出生率が下がっているのがポーランドだ。若者たちがEU圏内の他国に移住し、国内ではギリシャやスペインと同じレベルにまで出生率が下がっている。わたしの友人にポーランド人の夫婦がいるが、彼らも国内では子どもをつくらなかったが、英国に移住してから3人の子どもを出産している。一方、彼らが去ってきた国は人口が減少しているため、危機感をおぼえたポーランド政府が、「子どもが欲しければウサギの例に倣《なら》いなさい」と国民に呼びかけるプロモーション映像を制作し、ネットを炎上させたばかりだ。

実際、ヨーロッパにおける人口減少を食い止めるのはムスリム移民だという説もある。米国のワシントンD.C.を拠点とするシンクタンク、ピュー研究所によれば、EU圏には2050年までにムスリム住民の人口が3倍になる国が複数出て来るそうで、ムスリム移民の多い西ヨーロッパと、少ない東ヨーロッパのコントラストが明確になるだろうという。ヨーロッパに住むムスリム女性1人が出産する子どもの数は平均2・6だが、ムスリム以外の宗教の女性と無宗教の女性を合わせた平均は1・6だ。また、ヨーロッパに住んでいるムスリム人口は年齢的にも若く、15歳以下が27％である（ムスリム以外の人口における15歳以下の割合の約2倍）。

ヨーロッパで難民問題が大きな話題になったとき、20代の元同僚が、積極的な受け入れをするべきだと熱弁をふるっていた。彼女は、「どんどん受け入れたほうがいい。英

2021年
4月の新刊

文春文庫

国社会が高齢化したときに私たちが払う税金の負担を手伝ってもらいたい」と言っていたが、ヨーロッパの若者たちが移民・難民の受け入れを支持する傾向が高いのは、彼らの未来に対する経済的な不安を鑑みても理にかなったことなのである。

「若いもんは、もうビッグになろうと考えたらあかんのかな」

前述の元同僚の世代は「ジェネレーションY」と呼ばれている。これは1980年代から2000年までに生まれた人々の呼称であり、「ジェネレーションX」の後に生まれたから「ジェネレーションY」というわけだ。

彼らの世代が世界的に息苦しさや生きづらさを感じているのはけっして気のせいではなく、ジェネレーションYは上の世代に比べて明らかに貧しくなっているということを示すデータがある。ガーディアン紙が2016年3月に発表した統計によれば、米国、カナダ、スペイン、ドイツ、フランスの5カ国で、25歳から29歳までの独身者の可処分所得が30年前と比較して実質的に減少していることがわかった。加えて、英国、オーストラリア、イタリアでも、この世代の可処分所得の伸びは全人口平均に比べて大幅に減少している。現実問題として、この世代の経済は萎《しぼ》んでいるのである。

こうした「ジェネレーションY」の憂鬱は、日本にも確かに存在している。そうわたしが実感したのは、2年前、横浜の寿町でボランティア活動に参加したときだった。寿支援者交流会が中心になって行っている路上生活者支援の夜回りに参加し、寿町界隈のホームレスの方々に食品やカイロを渡して歩いていたとき、ボランティアの大学生の青年がぼそっとわたしに言ったのである。

「なんか、日本社会はもう萎むしかないから、これからは内面を豊かにして、小さく生きて行きましょう、みたいなことがさかんに言われてますよね。けど、なんで『ビッグになりたい』とか思うのがあかんのかな。俺ら若いもんは、もうそういうこと考えたらあかんのでしょうか。そういうこと思う奴は非道なんですかね?」

上の世代は、この問いに真摯に答える義務がある。

2017年末、ジョン・キャメロン・ミッチェル監督の『パーティで女の子に話しかけるには』(エル・ファニング、ニコール・キッドマン出演)という英米合作映画が日本で世界先行公開された。同監督らしい風変りな作品だが、一見、1970年代後半のUKパンクとSFが交差するシュールなラブロマンスのようでありながら、実は痛烈な現代社会への風刺が盛り込まれていた。ヒロインの少女は、遠い惑星から来た宇宙人という設定だが、この惑星は「ペアレント・ティーチャー」と呼ばれる指導者が若者たちを率いる複数の「コロニー」で形成されている。

この惑星には奇怪な制度がある。少年、少女たちは成長すると親であるペアレント・ティーチャーに食べられてしまうのだ。それは彼らの惑星の神聖な儀式であり、それを行わなければ彼らは絶滅してしまうのだという。

ペアレント・ティーチャーたちの信条はこうだ。子どもたちに好き勝手に繁殖させたら、その結末は派閥主義や戦争、環境破壊になる。自分たちは思いあがって資源を使い果たしたから、親が子どもを食べて間引きして人口を減らさないと生きて行けない。惑星の人口は減少しているのではなくて、実は意識的に減らしてきたのであり、最終的には美しい沈黙のうちにすべてが無くなる。だから命のある間は、親たちは品位と慈悲の心を忘れずに子どもたちを食べ続けなければならないという。

狂気の沙汰に聞こえるだろうか。しかし、これは、経済成長の時代はもう終わったのだから、これからは内面を豊かにして、美しく縮みながら生きて行きましょうという現代の風潮を髣髴《ほうふつ》とさせるではないか。ジェネレーションYの苦しさや、さらにその下の世代はもっと貧しくなることを知りながら、「そういう時代なのだから」と言い聞かせて我慢させている大人たちに対する痛烈な皮肉と取るのが自然な解釈だろう。

「子喰い惑星」の大人たちが少年・少女たちを食べることを正当化している場面に居合わせた人間のパンク少年はこう言う。

「ざけんな！　あんたたち、アホじゃないのか。メチャクチャしたって俺たちは生きている。親が壊したものは俺たちが直す」

パンク少年はジェネレーションYの叫びを代弁しているようにわたしには聞こえた。

この作品は単なるファッショナブルなボーイ・ミーツ・ガール映画ではなく、緊縮財政に対する警鐘だと思ったので、日本公開用パンフレットにそう書かせていただいた。

世界先行公開だったので、本国の製作側がパンフレット掲載記事の英訳を求めたそうだが、わたしのエッセイを気に入っていただいたと聞いているので、やはり監督にはそうした意図があったのだろう。親が子どもを食べる惑星のエピソードは原作にはなかったからだ。

縮小志向に抵抗する政治勢力

欧米の政治に興味のある方なら、ここ数年、「新左派」とか「反緊縮派」とか呼ばれている人々がメディアを騒がせていることをご存じだろう。きっと、ジェレミー・コービン、バーニー・サンダース、パブロ・イグレシアスといった名前を聞いたことがあるはずだ。

英国労働党の党首ジェレミー・コービンは、2017年の英国総選挙でメイ首相をリアルに泣かせた政治家だ。保守党のメイ首相はEU離脱の交渉を率いるにあたり、政権の盤石を期して解散総選挙を発表した。発表時の両党の支持率の差は25ポイントも開き、与党の圧勝は確実だと誰もが思っていた。だが、そこで何かが起こった。「未来への投資」を謳ったコービン労働党の積極財政マニフェストが国民に大ウケし、与党がまさかの過半数割れを起こす事態になったのだ。「選挙結果を知ったとき、わたしは泣きました」とメイ首相は告白している。

米国大統領選挙の民主党予備選でヒラリー・クリントンを猛追して話題になったバーニー・サンダースも、公共インフラへの大規模投資を行って雇用を創出すると宣言し、公立大学無償化を訴えたりする反緊縮的な経済政策を打ち出して若者の心を摑んだ。

さらに、結党2年目にしてスペインの第三政党になった草の根の左派政党ポデモスの党首、パブロ・イグレシアスも、積極的な財政支出を訴えて反緊縮の旗色を鮮明にし、「財政均衡目標を撤廃せよ」と訴えている。

上記3人とも、金融政策にも積極的だ。コービンは、「人民のための量的緩和」を行って人々のための財政支出の財源にすると言ったし、サンダースに至っては、大統領予備選で、米国の中央銀行（FED）が金融緩和をやめようとしていることに対して痛烈な批判を繰り広げた。「まだ不況の傷が癒えていないうちに金融緩和をやめれば犠牲になるのは末端の庶民であり、FEDが金融緩和をやめる決定を下したのは、FEDが利上げを求める金融業界にハイジャックされているせいだ」とサンダースは憤った。長髪のヒッピー上がりの社会活動家のように見えるイグレシアスも、デフレ誘導は少数のエスタブリッシュメントの利益を守るための政策であると吠え、欧州中央銀行が財政ファイナンスを妨げているルールを変えるべきだと訴えている。

この3人に共通しているのは、もう経済成長の時代は終わったのだからとりあえず借金だけは返しておきましょう、という縮小志向の緊縮スピリットに反対し、「成長と分配」の両輪を併せ持つ経済政策で未来のために積極的に投資して行こうというプログレッシヴな姿勢を貫いている点だ。彼らが若年層に熱狂的に支持されているのも無理はない。

そういうのは単なる「バラマキ」と「じゃぶじゃぶ」の政治じゃないかと仰る方もいらっしゃるかもしれない。しかし、面白い、というか、英国に住むわたしからすればホラーな事実がある。「このままでは英国はギリシャのように債務破綻する」と宣言し、平均寿命の伸びを止めるほどの勢いで倹約に精を出し、財政均衡への「痛みの道」を突き進んできたはずの英国は、実は全然借金を返せていないらしいのだ。

「保守党は、自ら宣言した経済戦略の期限を守ることができなかった。ギリシャの二の舞にならないように2015年までに財政赤字を無くす、と我々は聞かされていた。が、保守党は今、2031年まで財政均衡は果たせないと言っている。それどころか、キャメロン元首相が首相官邸に入って以来、7000億ポンドも国の借金が増えているのだ。しかも、英国の経済成長率は現在G7諸国中最低で、保守党が何度も引き合いに出していた国、ギリシャを除けば、OECD加盟35カ国の中で生活水準の停滞ぶりも最悪になっているのである」

（2017年12月7日付　ガーディアン紙 "Don't let the Tories fool you: we must borrow to invest" Owen Jones）

これは「経済成長をしていない国に借金は返せない」というトマ・ピケティの言葉と

も呼応する。

それでは、なぜ「投資よりも支出削減」で国の借金が返せると思う政治家がいるのだろうか。

それは単なる勘違いのせい、と言っているのはポール・クルーグマンだ（2015年4月29日付　ガーディアン紙 "The Austerity Delusion : The case for cuts was a lie. Why does Britain still believe it?" Paul Krugman）。

「家庭が苦しいときには家計を切り詰めるように、国の経済が停滞しているときにも財政を切り詰めるのが王道」と、一般の人々だけでなく、知識人もなんとなく思い込んでいる、と彼は指摘する。経済が苦しいときには金融緩和と財政支出を行えば雇用が創出されて需要が拡大する、というのが経済学的には基本だが、「使うより貯めているほうが経済的によい状態」という風に、一国の財政に関しても家計感覚で考える人が多いので、政治家のほうでも、たとえそれは正しくないと知っていても支持を集めるためにそういうことを言い出す傾向にあるという。

また、「財政を均衡させて国の借金を返す」というレトリックは、小さな政府を目指すことの言い訳になる。つまり、新自由主義（＝小さな政府）を進めるためのもっともらしいエクスキューズになるのだ。英国の経済学者のほとんどが緊縮は経済成長を妨げると言っているにもかかわらず、大企業のリーダーたちは真逆の立場を取る。政府にはできるだけ小さくなってもらい、市場のことは市場で好きなようにやらせてほしいというのが大企業の本音だからだ。緊縮財政を進めている保守党の伝統的支持基盤が富裕層や大企業であることは偶然ではない。

こうして「道徳的にはなんとなく良いことに思える借金返済のための政治」が、実は新自由主義の推進に加担していることになり、「未来の世代のために借金を残さない」どころか逆に増やしているという皮肉な結果になっているのだ。

1930年代の再来を止めるための「ニューディール」

世界は1930年代の様相を呈してきたと今さかんに言われている。ナチスを生み出した欧州では、特にその意識と恐怖感が強い。なんとなれば、極右政党が欧州各地で台頭してきている現在の政治状況は、当時を髣髴とさせるものがあるからだ。

こうした危機感のもと、「欧州はいまこそ真の意味でのデモクラシーを獲得せねばならない」として2016年に結成されたのがDiEM25（Democracy in Europe Movement 2025）だ。この反緊縮組織のリーダーは、ギリシャの元財務大臣で経済学者のヤニス・バルファキスだ。英国労働党の影の財務大臣であり、党首ジェレミー・コービンの盟友であるジョン・マクドネルや、スラヴォイ・ジジェク、ノーム・チョムスキー、ジュリアン・アサンジ、ナオミ・クライン、ジェームズ・K・ガルブレイス、映画監督のケン・ローチ、ミュージシャンのブライアン・イーノらが参加している。

1930年代、米国とドイツの明暗を分けたのは経済政策だったと彼らは主張する。1929年のウォール街大暴落が引き起こした世界大恐慌に際し、二つの国はまったく正反対の経済政策を行った。ドイツのワイマール政府は、不況で税収が減っていくので財政均衡を目指さなければと盲信し、財政支出を削減していったために不況が止まらなくなり、多くの失業者を出してしまった。そこで大規模な政府支出で国民の雇用創出を約束するナチスが登場し、国民を熱狂させる。なぜか今でも多くの人々がナチスを生み出したものはハイパーインフレだったと信じているが、実はワイマール政権の紙幣の刷り過ぎによるハイパーインフレは1920年代半ばには落ち着いていた。ナチスを生んだものはデフレと緊縮財政だったのである。

一方、米国は同じ時期に、金融政策と財政支出で経済を拡大させるニューディール政策を行った。不況だからと財政支出を減らすのではなく、逆に大規模公共投資で国民の雇用を創出するという大胆な反緊縮的政策を取った。ナチスの経済政策とニューディールの相似は世界中で語られてきたことである。

つまり、ドイツのワイマール政権は、不況に対応する経済政策を誤ったために、ファシストを台頭させてしまったのだ。

この教訓から学ばねばならないとDiEM25の識者たちは呼びかけている。2008年のリーマン・ショックが引き起こした大不況の後、欧州の国々はワイマール政府と同じ過ちを犯し、財政均衡を目指して緊縮政策を取ったために不況を長びかせ、欧州各地で極右政党を躍進させてしまった。現代の空気が1930年代に似ていると言われるのは偶然ではないのだ。

今こそ適切な経済成長を果たし、人々に明るい未来はあることを示さなければ本当に1930年代の再現になってしまう、という切実な危機感が彼らにはある。DiEM25は、欧州に必要なのは「ヨーロピアン・ニューディール」だと言っている。英国労働党が2017年総選挙で大躍進したときのマニフェストにも「ニューディール」という言葉が使われていた。

DiEM25は、ユーロ加盟国に財政均衡や緊縮財政政策を強いているEUの方針や、テクノクラート独裁に陥っているEUの在り方にも抜本的な改革を求めている。EUの崩壊を招いているのは「極右に踊らされている愚衆」などではなく、経済政策と体制の在り方においてEUが致命的に間違っているからだというのがDiEM25の主張だ。彼らは国境を超えた組織であり、欧州の人々が一丸となってEUを変えようと呼びかけている。

「ニューディール」という言葉は、「新規まき直し」という意味でもある。

それは「時代の終焉」とか「システムの崩壊」とかいった終末思想の香りがする言葉の対極にある。彼らは、若い世代や子どもたちのために、そして明日への不安で眠れない貧しい人々のために、「下り坂をあえて上ろう」と言っているのだ。

さて、日本について

わたしは学者でもなければ有識者でもないので、日本社会に対する「提言」などという大それたことはできない。だいいち、22年前に飛び出してきた国のことなどよくわからない。だから、自分が住んでいる英国や欧州のことを書いてきたのだが、いまや経済はグローバルに進行しており、政治や社会というものはそれに合わせて変化するので、日本だけが特別、とか、英国だけが違う、とかいうことはないはずだ。だいたい同じようなことが起きているのではないか、または、何か考え方のヒントになることがあるのではないかと思っている。

とは言え、まったく日本のことをスルーというのも何なので、最後にわたしが知っている「外から見た日本」のことについて二、三、書いてみたいと思う。

まず、22年前、英国に住み始めた頃に遡りたい。当時学生だったわたしは、相変わらず貧乏だったので、某日系新聞社ロンドン支局の駐在員事務所でアルバイトすることにした。そのとき、副所長から、「ごめんね。時給は安い。5ポンドしか払えないけど、それでもいい？」と言われ、「えっ！　5ポンド（当時のレートは1ポンド200円程度）って、めっちゃいいじゃん」と思ったのである。

日本の感覚でいえば、学生バイトなんて良くて時給3ポンド程度だろうと思っていたので、時給1000円で安いと言われたのには心底驚いた。だが、副所長は英国の基準で5ポンドは安いと言っていたのであり、実際、住み始めてみるとそんなにいい時給でもないことがわかった。そのとき、わたしは日本って実はそんなにリッチじゃないのかもしれないと気づいたのである。

その感覚は、年々強くなって行った。駐在員たちは日本から来るたびに「イギリスは物価が高くて驚いた」「500円でサンドウィッチも買えない」とこぼし、日本に旅行した英国人の友人たちが「日本ってイメージと違って何でもすごく安かった」と口をそろえて言うようになった。

きわめつけは、最近、ホテルの予約サイトから来たメールである。わたしは同サイトを使って英国や欧州のいろんな国のホテルを予約する。予約サイトは、これまでわたしがホテルを利用した国や、過去にチェックした地名を分析し、「お客様が関心を持ちそうな場所」をいくつか選んでホテル価格を知らせるプロモーション・メールを送ってくる。で、最近送られてきたメールでは、リスト化されていた都市で一番安かったのが東京だった。ウェールズのスウォンジーより料金が低かったのである。

2016年のEU離脱投票の後で、「貧しく、失業者が多くて、経済的に停滞している取り残された地方の街の人々が離脱に投票した」みたいなことが日本でも報道されていたが、スウォンジーはまさにそういう地方の街の一つだ。そこのホテルより、東京のホテルのほうが安いというのはさすがに驚いた。

デフレにもほどがあるというか、物の値段が下がってナショナル・プライドが傷つくとかいうのは22年前に日本を出て来たわたしにはもうないが、一般にデフレは富裕層や資産家のための政策と言われている。デフレのほうが、「持てる人々」にとっては資産が目減りしないので都合がいいからだ。だとすれば、日本はどれだけ資産家のための、つまり「すでに所有している人々」のための社会なのだろうと思わされてしまうのだ。

息子の友人の父親がやはり日本人で、英国でレストランを経営しているが、彼は年を取ったら日本に帰りたいといつも言っている。

「自分がサービスを売っている間は英国にいたほうがいいが、サービスやケアを受ける側になったら日本のほうがいい。料金が安いのに、質が高い」

と彼は言う。そんなに質の高いサービスなら世界水準でそれに見合った価格を設定したほうがいいし、労働を提供している人も労力に見合った報酬を受け取ったほうがいいと思うが、なぜか日本は、あまりにも長い間そうなっていない。

国の中での景気拡大と縮小のサイクルはあるかもしれないが、外側から見ると日本という金魚鉢はずっとシュリンクを続けてきた。日本の縮小はとっくの昔から始まっているのだ。「持てる人々」が安らかに暮らしていけるようにデフレでシュリンクする国は、これから何かを持ちたいと思う若い人々や貧しい人々のための国ではない。

海外在住の日本人の知人たちを見る限り、前述の息子の友人のお父さんのような考えを持っている人は実は少なくない。日本はそのうち、若い人々は海外に出て稼いで、働けなくなったら戻ってきてちまちまお金を使ってつましく暮らす国になるんじゃないかと思ったりもする。それもまた一つの在り方だろうし、わたしは自分自身が海外に出ている人間なので、若い人はどんどん外に出て行けばいいんじゃないかと思っている。

ただ、英国に住む人間として言わせてもらえば、先のＥＵ離脱投票が示したように、社会という場所は「世界のどこでも生きて行ける人（Anywheres）」だけで構成されているわけではなく、「どこかに定住して生きて行きたい人（Somewheres）」のほうが数的には多い。

外に出ないで生きて行きたい人たちが、これから何かを手に入れたり、成長したりすることができない金魚鉢は必然的に濁る。

わたしは日本に必要なのは、末法思想のような店じまい論ではなく、「下り坂をあえて上る」勇気と知恵だろうと思っている。

すでに書いてきたように、欧州には参考になるだろう政治勢力がいくつも出てきている。

ＡＩの登場で、日本の人口減少は逆にアドバンテージになるかもしれないという説もある。

また、欧州の人口減少を（わたしのような）移民が食い止めているように、日本だって政治的にその方向に舵を切るかもしれない。そのときに手の施しようもないほど金魚鉢が濁りきっていたらどんなことになるだろう。

「俺らの世代は、もうビッグになろうとか思ったらあかんのでしょうか」

とわたしが出会った日本人の青年は言った。

未来のことなど本当のところは誰にもわからないのに、いたずらに人心を萎縮させる言説を広めることは、はたから見ていると有害どころかスーサイダルに映る。

「子喰い惑星」のように美しい沈黙の中で最後は誰もいなくなるディストピアが目標でもない限り、縮小社会が楽しいなどと言ってはいけないのだ。

武士よさらば
——あったかくてぐちゃぐちゃに、街をイジル

隈 研吾

1954年神奈川県生まれ。建築家。東京大学大学院建築学専攻修了。コロンビア大学建築・都市計画学科客員研究員などを経て、90年、隈研吾建築都市設計事務所を設立。東京大学工学部建築学科教授をつとめ、二〇二〇年四月に東京大学特別教授、同年六月に東京大学名誉教授に。日本建築学会賞、国際木の建築賞、国際石の建築賞など受賞多数。その土地の環境・文化に溶け込む、ヒューマンスケールのやさしいデザインを提案する。

武士と建設業

江戸時代における武士階級が、21世紀日本においては建設業であった。すなわち、どちらの集団も、かつては必要であったが、時代が変わって、突然不要のものとなった。その不要のものをどう処遇するかが、江戸の、そして現在の最大のテーマとなったのである。

江戸に先立つ戦国の世は、武士という戦闘集団を必要とした。戦の時代の花形であり、戦国時代をリードしたのは武士階級である。しかし、徳川家によって平定された後、武士はもはや不要であった。武士はかつてのエリートであり、リーダーであった。突如不要になったからといって、放逐するわけにもいかず、刀をとりあげるわけにもいかなかった。それが日本という温情たっぷりなシステムのいいところかもしれないし、やっかいなところでもある。温情からスタートしたもの、惰性からスタートしたものが、最終的に社会に大きなマイナスを与え、人々を不幸にするということが、日本では繰り返し起こるのである。

不要となった武士の処遇のために発明されたのが、江戸というシステムであった。武士は最上位の階級として敬われ、奉られた。しかし、人は敬われるだけでは満足しない。はけ口を失った武士の過剰なエネルギー、暴力性を発散させるために、参勤交代という大イベント、大浪費が繰り返された。

それだけでも足りなかった。存在意義を失った集団、時代からずれてしまった集団は、集団に固有の閉じた倫理、閉じた美学を先鋭化し、集団をより強固で「美しい」ものへ、磨きたてていく。そこからたとえば『葉隠』のような、極端な哲学、美学が生成される。

『葉隠』の最も有名な一文は、「武士道といふは、死ぬ事と見付けたり」である。武士が実際に社会から必要とされていた時代には、そのようなテキストが生まれることがなかった。倫理や美学よりも、目の前の敵をとりあえず打ち負かすことが大事だったのである。武士とは実際的な機能であり、役割であった。時が移った時、時代から取り残されようとしている人間が、難しい顔をして、倫理とか美学とかにこだわり、すがりはじめるのである。

「死ぬ事と見付けたり」の暴力の美化、集団主義は、明治維新で武士階級が否定された後も、しっかり残った。第二次大戦もまた、武士道のひとつの帰結であった。武士の後始末には、想像以上の長い時間がかかった。あるいは、まだその後始末を、われわれは引きずっているかもしれない。

全く同じことが、第二次大戦後の人口拡大、経済成長時代から、少子高齢化への転換に際して起こった。高度成長を担ったのは、武士階級ならぬ建設業であった。木造の低層建築が並ぶ都市（たとえば東京）を、人口拡大、高度成長にフィットするコンクリートの大都市へと変身させるために、現代の武士、建設業者が主役として呼び出され、社会のリーダー、エリートとなった。

ここでいう建設業者は、いわゆるゼネコンの社員だけを指すわけではなく、広い意味で、高度成長の拡大政策を担った企業、人々を指している。いわゆるディベロッパーも、建築設計会社、建築家、すべてを総称して、僕は現代の武士だと考える。

さらに広義にとらえれば、重厚長大と呼ばれた産業の従事者すべてにまで、武士の定義を拡大することができる。

戦後の経済成長には2つの大きなエンジンがあった。ひとつは建設業であり、もうひとつは自動車産業である。成長、拡大のためには、郊外に大量の住宅を建設する必要があった。この部分を担ったのが、ひとつ目のエンジン、建設産業である。郊外という社会制度は、20世紀アメリカの大発明である。いつもきまって、戦争の後、拡大の時代が来る。第一次世界大戦後の住宅不足への対応として、アメリカは郊外と住宅ローンを発明した。庶民に郊外という夢を与え、野山を破壊して、大量の郊外団地を作った。郊外に住む人々が、自動車を使って都市へと通勤することがかっこいいライフスタイルであるとされた。電車に乗るのはダサくて、新しいクルマがかっこいいのである。

その部分を担ったのが、成長政策の2つ目のエンジン、自動車産業である。郊外に家を建てるために建設業は必要とされ、家を飾り、機能的にするために、内装産業から電気産業までのすべてが潤った。その家から都市へ通うために自動車が必要とされ、行き先の都市の職場は存在感があり、遠くからも目立つ超高層ビルでなければならなかった。

当然、超高層を建てる主役は建設業である。かくして、20世紀システムは見事に完成し、それを担う重厚長大産業の従事者は、時代の武士として、社会の主役をはったのである。日本は第二次大戦後、このシステムに見事にキャッチアップし、驚くべきスピードで木造都市をコンクリート都市へと転換した。アメリカンシステムの最高の優等生として、驚異的成長を成し遂げ、世界第二位の経済大国へのぼりつめたのである。

１９７０年の反転

しかし残念ながら、成長拡大の時代が永遠に続いたことは、歴史上一度もない。アメリカではベトナム戦争（１９６０－１９７５）が20世紀システムの終焉を象徴し、日本では大阪万博（１９７０）が終焉のメルクマールとなった。１９７０年を境に、様々な社会的指標が反転する。人口増のカーブが反転し、少子高齢化がきざし、製造業に代わってサービス業が台頭し、女性の社会進出がはじまる。現代の低成長、少子高齢化社会が、すでに１９７０年代にきざしたのである。

しかしアメリカと日本では、違う展開を迎えた。アメリカでは重厚長大産業は、早々と主役から滑り降りて、脇役となった。しかし、日本という場所は、かつての時代を先導した主役を、いつまでも大事にする、なまぬるい場所だったのである。武士を温存する風土が、そのまま20世紀にいたってても残存していたのである。

日本の建設産業は、1970年代以降も、脇役へと降りることはなかった。経済の主役であった彼らは、政治と結託することによって、70年代以降も、日本の主役の座をはり続けたのである。武士集団の結束力、集団主義は、強力な集票装置として機能し、70年代以降の日本政治の主役の座を守り続けた。この集票装置を長期的に継続させるためには、建築工事をエンドレスに発注し続けなければならない。それが、70年代以降の日本政治の、隠れた目標となった。

建設のためのお題目は時代とともに変わった。70年代以前には、経済成長、住宅供給がお題目とされた。90年代以降は福祉であり、環境であり、安全、安心である。それぞれの時代に見合った耳触りのいいお題目が選ばれるが、この集票システムの存続自体が目的なのであるから、お題目は、ある意味、何でもいいのである。そのお題目によって、何かを建設することが正当化されれば、武士はハッピーなのだ。武士はそのようにして、成長、拡大の時代が終焉した70年代以降も、江戸時代の武士が政治と結託したのと同じように、時代の政治と見事に共謀することで、社会のリーダーというポジションにしがみついたのである。

さらなる偶然も武士の延命に味方した。1995年の阪神大震災、2011年の東日本大震災、という2つの大災害が日本を襲った。大震災からの復旧、復興が国家目標となり、武士は新たな活躍の場を与えられた。さらにそこに2020年、東京オリンピックが重なった。偶然が何重にも武士に味方したのである。

武士の倫理と美学

この現代の武士たちは、追い詰められるほどに、独自の倫理と美意識を磨き上げていった。江戸時代という平和な時代を生きざるを得なかった武士が、独自の倫理と美学を時代錯誤的に極めていったのと同じようにして、少子高齢化時代の武士は、自分たちの時代錯誤で閉ざされた倫理と美学を、ひたすら極めていった。

一見、自由なアーティストと見られやすい、建築設計に携わるわれわれも、知らず知らずのうちに、しっかりと武士団の一翼を担い、武士の倫理、美意識を先導していた。日本の建築設計のレベルはいまや、世界一ともいわれる。たくさんの世界的建築家も輩出した。設計の武士の手による、美しく整えられ、見事に抽象化されたデザインを、これまた施工の武士たちが完璧に実現していく。結果、日本の建築工事費は世界一割高ともいわれる。しかし世界中が、日本の建築のクオリティに感嘆し、ディテールを賞賛する、まるで日本刀のようだと。

1970年代以降、アメリカの建築界はかつての輝きを失い、アメリカの大学の建築学科では、アジアからの留学生の顔ばかりが目立つようになった。アメリカのクリエイティブな才能は、すべてITや映像系に流れてしまったともいわれる。アメリカでは建設業が、主役の座から降板したのだから、むしろ当然な現象である。逆に、日本の建築界の輝き、レベルの高さが、世界から見れば不思議な現象なのである。

その閉鎖的な倫理と美学の象徴的存在が、日本独特の「コンクリート打ち放し」である。拡大政策時代の日本の主役であり、象徴であったコンクリートという素材を、徹底的に美しく、磨き上げ、セパ孔と呼ばれる施工的に必要な孔の位置まで厳密に、正確に割り付けていったのが「コンクリート打ち放し」であった。日本の建築学生は、「コンクリート打ち放し」の個人住宅を設計する日を夢見て、勉学に励んだのである。20世紀のアメリカンシステムによって大衆に与えられ、大衆を走らせたエンジンが「郊外の夢」だったとするならば、日本の武士達はその夢を「コンクリート打ち放し」へと、日本的に、武士流に翻案したのである。

僕の最初の著作は『10宅論』（1986年）というタイトルで、この本の目的は日本の建築界の武士道的狭さを批判することであった。ここでは日本の住宅が10派に分類され、それぞれの派の担い手の性格、文化を誇張して記述したのだが、この中で一番力を入れて書いたのはコンクリート打ち放し派である。なぜなら当時、コンクリート打ち放しの中に、現代の「葉隠」を見つけたからである。「葉隠」が暴力を容認したように、建築界では暴力も容認された。美のためであれば、暴力も容認され、容認という以上に推奨もされた。若い所員をなぐったり、手を抜いた職人をなぐったりすることが、美談となった。まさに70年代以降の建設業は、「葉隠」的な、暴力賛歌へと到達したのである。

美から商・工へ

武士をしっかり往生させてやらなければ、日本は救われないというのが、僕の基本的な考え方である。武士は江戸時代にも往生しなかったし、実は明治時代にも往生しなかった。往生しなかった武士の暴力性が、第二次大戦へと日本を導いた。建設業も建築設計者も、すべて武士の生き残りである。一刻も早く、往生させてやらなければ、何が起こるかわからない、どんな暴力的な状況が起こるかわからないと、僕は危惧するのである。

そのためにとりあえず、僕は倫理と美を否定しようと考えている。敢えて誤解を招く言い方をすれば、日本の建築も都市も、必要以上に美しすぎ、ちゃんとしすぎている。その武士道精神のおかげで、都市は立派だけれども、つまらなくなったし、日本の建築単価は、世界に類がないほどに高額となった。武士と政治と経済とが結託して、外部参入のできない閉じた場所を作り上げたので、いかにコストが高くても、何の問題にもならなかった。

この結託関係を打ち破るには、これまた誤解を恐れずにいうならば、美の代わりに商を建設業に持ち込むことである。江戸時代の武士達は、商を徹底的に低く見て、排除した。商のもつ、自由さこそが自分たちをおびやかすと見たからである。士農工商というヒエラルキーが示すように、倫理と美を重んじる武士が最上位であって、商は最下位として、おとしめた。

同じようにして、日本の建築業界も、商業を低く見降ろしてきた。商業建築に手を染めた建築家は低く見られ、高額な税金を投入して建設された公共の美術館、文化施設を設計しないと、一流の建築家とは見なされなかった。政治と業界との結託システムにしっかりと乗らないと、建築界では一流の人、一流の武士と認められなかったのである。

クライアント（発注者）のいいなりになることも、建築業界では、程度の低い人の振る舞いとみなされてきた。気高い芸術家であるべき建築設計者は、クライアントの声には耳を傾けず、ひたすら自分のアートを追求しなければならないという空気があった。クライアントのいうことを聞かず、その建築が商業的にうまくいかないことが、何やら倫理的に正しいという不思議な風潮があった。まさに士農工商であり、まさに武士道であり「葉隠」である。

逆に、僕が今おもしろいと思う若い建築家は、図面を引いているだけではなく、自ら商売をしてしまうタイプの人達である。昔ならば、不純な輩といわれ、建築家の仲間にもいれてもらえなかったような仕事の仕方であり、生活の支え方である。

例えば、空き家を宿泊できる部屋に改造して、それをネットワーク化して、開かれたゆるいホテルのようなものを、下町で経営している建築家がいる。デザインしているのではなくて、実際に自分で経営して、そこから得られる収入で生計を立てているのである。

そもそも小さな空き家の改修といったものは、デザイン料を誰かに請求するにしても、それで生活を成り立たせるのはとても難しい。改修工事も、これまた時間ばかりかかるので、従来の結託体質に染まってしまった武士的建設会社は、なかなか引き受けてくれない。簡単な改修ならば、自分達でやってしまう方が手っ取り早いのである。えらそうにふんぞり返っている武士（デザイナー）の立場を捨てて、工にも踏み込んでいく。工を自分でやってみると、職人の気持ちがわかり、職人の仲間ができる。日本の建設業も建築設計者も、武士体質に染まっていて、商だけではなく、職人（工）も下に見ていた。自分自身で手を動かし、工事をやってみると、工の楽しさも、大変さも、リアリティをもって理解できるようになる。

そして、最後に自分たちで改修した空き家ホテルの部屋に、ネットで予約を受け付け、そこで収入を得るのである。まさに商の現場に分け入っていくことで、生活が支えられるのだ。昔の武士的建築家は、作品を建築雑誌にのせることだけを目的に仕事をしていた。他人の金を使って、写真うつりのいいだけの建築を設計してきた。しかし、武士を捨てた建築家は、写真うつりなどにかまっていられない。どうやったら客が入るか、どうやったら、手間がかからずに改修ができるかを日々考えながら、それをデザインにフィードバックする。

デザインの目的もやり方も全く違うのである。だからといってできた建築、インテリアが退屈なものになったり、質が低くなったりするかというと、まったく逆である。かつての建築雑誌は武士道の同人誌であって、社会と切れた美の世界を追求していたが、今の若者は、その手の建築雑誌には興味を示さない。別の形での切れ味を求めて、街に飛び出していくのである。

ぐちゃぐちゃした人間関係を生む建築

僕が、こういう商人型建築家にはじめて出会ったのは、1980年代であった。大阪で「都住創」という運動を展開していたヘキサという設計事務所の中筋修さんという建築家に会って、衝撃を受けた。普通の建築家は、人から仕事をもらおうとするからダメなんやと、中筋さんは口癖のようにいっていた。彼らは自分達で土地を捜してきて、そこに集合住宅を建てるというプロジェクトを立ち上げ、この指止まれといって、それに乗ってきた連中で、一軒一軒、手作りの自由プランで、マンションというよりは、村みたいな、雑然とした集合住宅を、大阪に作り始めていた。もちろん設計するだけではなく、自分達がビジネスの主体でもあった。こういう方式で作る集合住宅をコーポラティブハウスと呼ぶ。

従来の武士的なお高くとまった建築家と全く逆で、できたものもぐちゃぐちゃだし、発想、仕事の進め方もユニークだった。すぐに友達になり、仕事のやり方も教わった。プロセスも面白かったのだが、建物ができたあとの、住み手達の交流と人間関係が一番うらやましかった。普通のマンションでは、隣人の顔も知らないが、「都住創」は、毎日が宴会で、建物がいつもざわついていた。中筋さん達にとっては、建築作品を作ることが目的なのではなく、このあったかくてぐちゃぐちゃした人間関係を作ることが一番の目的なのではないかと感じた。

武士は倫理と美にこだわり、作品の完璧性を追求する。士であることを捨てれば、もっと自由に楽しくできる。それを「都住創」から学ぶことができた。

しかし、この出会いは少し苦い結末を迎えた。意気投合した中筋さんと僕は、東京にも、「都住創」を作ろうと思い立って、僕が土地勘があり、下町っぽさが気に入っていた江戸川橋の近くに土地を手に入れて、この指止まれをやって、瞬く間にプロジェクトが成立した。各人に言いたい放題いわせて設計完了し、建設工事もスタートしたのである。

ところが時機が悪すぎた。折しもバブルがはじけ、土地の値段は暴落し、指に止まった勇気ある仲間も、ローンが払えなくなって、僕らは高額の負債を負うことになったのである。なんとか返済するのに10年以上かかった。その間に折角できた仲間が何人も亡くなった。

商の世界は本当に怖いと思った。士として、上から目線でふんぞりかえっていた方が、どれだけ楽だったかとも思った。

今、冷静に考えれば、僕らの「都住創」は、住宅を所有するという、20世紀のアメリカンシステムに依存していたことが失敗の原因であった。高額な土地まで含めた住宅の値段だから、リスクが高すぎる。仕事でがんばって住宅ローンで家を所有しさえすれば、一人前になり、人生一丁あがりというのが、20世紀のアメリカンシステムで、日本も見事にこれを学習したのだが、素人にはリスクが高すぎた。

脱所有——シェア、改修の豊かな可能性

この失敗で、僕は随分と変わった。ひとつは、東京というキツい場所ではなく、もっと地方で気楽に仕事をしたいと考えるようになった。実際に、バブルがはじけた後の東京では、ほとんど仕事がなかったので、地方をぶらぶら廻りはじめた。そこには武士の倫理とも美とも無関係な、気楽な世界があった。栃木県の小さな町で、地元の石屋さんと、そこの職人と一緒に、5年もかけて、築80年の小さな石蔵を改造して、勝手に「石の美術館」と呼んだ。二人の職人は70歳以上で、仕事が空いている時だけしか石を積んでくれなかったので、改修に5年もかかったのである。一緒に商売のネタも考えて、カフェメニューも考え、ショップで売る石のコースターもデザインした。

東京では、新築より小さな改修の仕事の方が面白く感じられるようになった。築33年

の下北沢の小さな木造住宅を、古いスキー板、スノーボードをリサイクルして焼き鳥屋に改装することに全力投球したり、木造の古い住宅を、若者用のシェアハウスに改修するプロジェクトを立ち上げたりして、商人として、自分で経営をはじめた。シェアハウスの大家さんになってみると、住人の若いデザイナーや学生とも飲む機会が増えて、シェアハウスをやる最大の楽しみは、この飲み会であることを知った。

新築ではなく、改修ほど、緊張を感じずに自由にデザインできることも知った。そこにもともとある古い建築は、協同作業の相棒みたいなもので、古い友人とお互いに知恵をしぼりあって改修するという感じになる。そもそも古いものはノイズだらけだから、こちらがどんなノイズを加えても、あるいは住み手がどんなに汚く住んでも、しっかり受け止めてくれて、全然気にならない。緊張感のある武士道を捨てれば、こんな自由な世界が広がっていたんだと、びっくりした。なにしろ少子高齢化で、こんな空き家だらけの都市になってしまったのだから、首を長くして改修を待っている空き家は、山ほどあるのである。

石の美術館（栃木県那須町）2000.7

昔の石蔵を保存し、トイレ棟と小さな展示室も、同じ芦野石を使って増築し、建物の間に、農業用水をひいてきて、池にした。

それに改修に対しては、意外に行政も柔軟に対

改修前

改修後

下北沢 てっちゃん (東京都世田谷区) 2017.6

外壁には、廃棄されたアルミサッシのフレームをペタペタと貼り付けて、この家自体が都市の近代化、巨大化、クリーン化の波の中で「廃棄された」ものであることを、よりはっきりと示そうと考えた。家のまわりの塀をとっぱらって、街に開放されたテラスにし、そこでも飲み食いができるようにして、昔の路地の持っていた開放性を再現した。

正面

内部

応してくれることも知った。日本の建築基準法も都市計画法も、基本的には高度成長の拡大の時代に対応したシステムになっていて、現代の少子高齢化社会には、適合しない部分がたくさんある。

たとえば先述した空部屋を集めて運営するネットワーク型ホテルなんていう素敵なものも、新規に建設しようとしたら、許可がおりにくい。しかし、小さな改修ならば行政も、少し大目に見てくれる。新築ならば難しいが、改修ならば可能だというグレーな領域が日本の都市にはいろいろあって、ある意味、そのグレーな領域が、日本の都市を救っているともいえるのである。

建築業界を武士道の暗い閉じた道から救い出すことは、建築業界のためになるだけではない。建築業界が士を捨てて、商に身を投じ、工に踏み込むことは、少子高齢化の日本の都市を間違いなく元気にしてくれる。まず武士は、チョンマゲも倫理も美意識も捨てて、裸になって、街のノイズの中に飛びこまなくてはいけない。

文庫版追記

そんなことを考えていた矢先にコロナがやってきた。コロナは武士の世界を終わらせるための、天からの贈り物だと考えると、気分転換ができて、気持ちが明るくなった。武士が作り上げてきた、重厚できちんとした箱、その箱を積み重ねてきた高密な都市は、コロナに最も弱かった。箱を出たい、都市を出たいと全員が感じた。ITの力で、どこでも自由に仕事ができるにも関わらず、なんで今まで箱に閉じこもっていたのかととても不思議に思えてきた。

武士の延命のために、箱が上等な場所とされ、誰も箱を出ようとしなかったのである。少子高齢化で、新しい箱をたてる必要がとっくになくなっていたにも関わらず、箱は建て続けられ、人間は箱に強制的に詰め込まれ、この弱く繊細な生物は、まさに箱に押しつぶされて圧死寸前だったのである。武士の延命のために、箱の増産が必要とされ、そのために人間に殺されかけていたのだった。

しかし今、コロナが背中を押してくれたおかげで、僕らは箱の外に飛び出そうとしている。これは箱へ、箱へと流れてきた人類の空間史にとって、大きな折り返し点となるだろう。

若い女性に好まれない自治体は滅びる
――「文化による社会包摂」のすすめ

平田オリザ

1962年東京都生まれ。劇作家、演出家。劇団「青年団」主宰。兵庫県立芸術文化観光専門職大学学長就任予定（2021年4月）。国際基督教大学在学中に劇団「青年団」を結成。1995年、「東京ノート」で岸田國士戯曲賞を受賞。著書に『演劇入門』『わかりあえないことから』『芸術立国論』『下り坂をそろそろと下る』、小説『幕が上がる』などがある。

奈義町の子育て支援

岡山県奈義町《なぎちょう》は、鳥取との県境にある人口6000人あまりの山村である。この小さな町が2014年、合計特殊出生率2・81という驚異の数字を記録して一躍有名になった。

2点台後半の出生率というのは、沖縄の離島ぐらいしかなく、本州の自治体では飛び抜けて高い数値である。NHKスペシャルなどでも報道があったので、ご覧になった方も多いだろう。ただ、これは一過性の数字ではなく、ここ数年の平均も2・5前後であり、出生率の高さは定着しつつある。

この出生率上昇のからくりは意外と単純だ。隣の津山市（人口約10万人）で働く若い夫婦が奈義町に移り住み、多くの子どもを産むようになった。単純に言えば、ただそれだけのことだ。

東京に働く者は職場の沿線を選んで住む。しかし地方は車社会だから、移動時間が30分圏内ならば、どこに暮らしても大差はない。

結婚や出産、あるいは家を建てるときなどに、若い夫婦はどこに住むかを真剣に考える。当然彼ら／彼女らは、子育てのしやすい環境を選ぶだろう。奈義町は高校までの医療費無償など、子育て支援の環境が充実している。こうして奈義町に若者人口が流入し特殊出生率を引き上げる結果になった。

奈義町の子育て支援は、取り立てて目玉の施策があるわけではない。「他の町がやっているいいことは、それを最高水準で行う」というのが町の方針のようで、出産のお祝い金なども含めて、様々な施策を充実させている。

そこには細かい工夫も見られる。奈義町が内々に行った意向調査では、二世帯住宅はあまり好まれていないということが分かってきた。実はそれを好まないのは親の世代の方で、「自分たちは苦労したから、今さら子どもに同じ苦労はさせたくないし、この歳になってから嫁に気も使いたくない」と言うのだ。そこで奈義町では、若い子育て世代にターゲットを絞った公営住宅を開発する。若者向けに機能性とデザイン性を重視した住宅が人気を呼んだ。

しかし何よりも重要なのは、町ぐるみで子育てを応援していこうという雰囲気作りがなされていることだ。「なぎチャイルドホーム」と呼ばれる子育て支援施設には、毎日たくさんのお母さんたちが子どもを連れて集まり、情報交換や相互扶助を行っている。ここでは、様々な形での子育てに関するサポートが行われ、所得や、保育園／幼稚園に子どもを預けているか否かにかかわらず、安心して子どもを育てる環境が保証されている。

まぁこのように、事象の直接的な要因はある程度、明晰に分析できるのだが、その奥

奈義町の小中学生でつくる「こども歌舞伎」の公演風景

にはもう少し深い背景がある。この奈義町は横仙歌舞伎という農村歌舞伎を守り続け、子ども歌舞伎も毎年開催している。小学校三年生は全員、学校の授業で歌舞伎を体験することになっている。希望すれば、さらに小学生から高校生まで、無料で歌舞伎教室に参加できる。たった80人の町役場の職員の中に、歌舞伎の専門職員というのを二人置いて、この事業に専従させている。普段は公民館の貸出業務のような仕事もするのだが、シーズンになれば歌舞伎に専念できるし松竹に研修にも出かける。

また、人口6000人の町ながら、ここには磯崎新建築の素晴らしい現代美術館と図書館があり、その周りを児童が駆け回っている。小さいながら、とにかく文化的な厚みのある町なのだ。

現政権の地方創生政策には賛否あるだろうが、その良いと思われる点は、人口減少対策、少子化対策に焦点が絞られていたところだろう。ただ、その対策が、どうも霞が関だけで練られているように思うのは私だけだろうか。

都市部においては、たしかに待機児童問題の解消などが喫緊の課題となる。しかし、数にすれば、待機児童問題を抱える自治体は全体の四分の一にも満たない。本当に深刻な自治体は百前後だ。もちろん、この百余りの自治体に人口が集中しているわけだから、民主主義の原理から言って、この課題の解決が優先されることは仕方がない。現実、待機児童の解消に政府は本気で取り組むべきだとも思う。

しかし、国家百年の計を考えれば、本当に目先の多数派のための施策だけで事足りるのだろうか。

待機児童問題を抱えない他の千数百の自治体は、逆に、子どもが欲しくて欲しくてたまらない地域だ。中長期的な対策としては、とにかく人口を分散させ、そこでの出生率を上げていくしかない。東京の出生率だけが極端に低く、これが改善される見込みもほぼないからだ。

子どもの欲しい自治体における最大の課題は、非婚化・晩婚化である。すでに多くの自治体では、結婚した世帯の出産率は横ばいか、あるいは上がってきている。三人兄弟が多数を占める奈義町では、母親たちは「子どもが二人だけではなんだか寂しい」とも言う。

念のために書いておくが、もちろん恋愛も結婚も出産も、まったく個人の自由であり行政が介入できる余地は少ない。しかし、人口減少対策という視点から見れば、解決策は明らかなのだ。身も蓋もない言い方だが、日本の現状を端的に言うなら、

「地方都市に住む人々が結婚してさえくれれば子どもは増える」

ということになる。

地方の自治体においては、U・J・Iターンで若者の人口が増え、さらに彼ら／彼女らが結婚してくれれば、子どもの数は自ずと増える。もっと端的に言えば25歳から35歳の世代に移り住んできてもらえるかが自治体の生命線となっている。

先に記したように、子育て世代は、子どもの育つ環境を一番に考えて住む自治体を選ぶ時代になった。そしておそらく、その決定権の七割、八割は、実質的に子育てを担わされている母親が握っているのではあるまいか。

と言うわけで論理的な帰結として、若い女性に好まれない自治体は滅びるのだ。実際、Iターン政策で成功している町には、本格的なイタリアンのレストランや、母親たちが保育所に子どもを預けたあとに、ママ友（もちろんパパ友でもかまわないわけだが）としゃべれるおしゃれなカフェやスイーツの店がある。

壇蜜さんをPR動画に使っているような自治体は滅びる（壇蜜さんには何の罪もないが）。あの騒動の際に、宮城県知事は「話題になっているからいいのだ」と開き直ったが、おそらく彼は、あの事件で失ったものを、まったく理解していない。あんなPR動画を作る県に、若い女性は移り住みたいとは思わない。

奈義町は2017年、現代美術館の隣に、窯焼きピザが売りのイタリアンレストランを誘致した。6000人の山間の町で、昼間から店の前には行列ができている。顧客の八割は女性である。

「文化による社会包摂」でマインドから変える

女性に好まれる町とは、では具体的には、いったいどんな町だろう。

ここからは少し遠回りの説明になるが、私の大学での専門でもあるアートマネジメントの観点から、この点を考えてみたい。

「文化による社会包摂」という言葉が、少しずつではあるが世間にも浸透してきた。社会包摂＝ソーシャルインクルージョンとは、要するに、今まで社会から排除されてきた人々を、文化によって社会に繋ぎ止める、包み込むという考え方だ。このもっとも象徴的な例は、ヨーロッパの多くの美術館や劇場で行われているホームレスプロジェクトというものである。これは、ホームレスの方たちに、月に一回でもシャワーを浴びてもらって、バザーで集めた服に着替えてもらい、コンサートや美術展に招待するという制度だ。先進国のホームレスは生まれつきホームレスな訳ではない。何かの理由で社会からドロップアウトしてしまった人々が大半だ。それはもちろん経済の理由が主なのだが、経済的理由だけではホームレスにはならない。それだけなら生活保護を受ければいい。何かの精神的な理由が重なって世捨て人になり、人々は路上生活者となっていく。

そういった人々にアートやスポーツに触れてもらって、１００人のうち３人でも５人でも、生きていく気力や労働意欲を取り戻してくれれば、これはとても安上がりなホームレス対策なのだ。炊き出しだけでは、当座の命は救えても抜本的な問題解決にはならない。ホームレスを作り出す原因の一つが、人間の精神（マインド）の側面にある以上、そこを改善していかなければ恒久的な解決にはならない。

ホームレスプロジェクトは、身近な問題として捉えにくいかもしれないが、たとえば次のような事例もある。

私の経営するこまばアゴラ劇場は、数年前から雇用保険受給者に大幅なチケット割引を実施している。実はこれも、ヨーロッパの劇場や美術館ではどこでも、当たり前にやっている施策なのだ。学生割引や障がい者割引があるのと同じように「失業者割引」がある。

しかし日本では、これまで逆の施策をとってきたのではあるまいか。雇用保険受給者が平日の昼間に劇場や映画館に来たら、求職活動を怠っているとして雇用保険を切ってしまうような施策。あるいは、生活保護世帯の方が劇場に来たら後ろ指を指されるような社会の雰囲気。

百歩譲れば、これにも理由があったのだろう。高度経済成長の時代であれば、景気変動の波はあったとしても、失職から半年も頑張ればもう一度、確実に望む職に就けた。日本は未だに、そういった右肩上がりの時代の雇用政策を行っている。

いまも人手不足は変わらないのだが、現代日本の抱える雇用問題は「自分に合った職がない」という点に尽きる。

霞が関の住人たち（あるいは一般の市民も）は、製造業の雇用が厳しいのなら、介護には人手が足りないそうだから、そちらに回ればいいじゃないかと考える。しかし、そうはいかないのだ。これまで生真面目にネジを回し続けて、それが日本の産業を支えてきたというプライドのある人たちが、失職したからといって翌日から認知症のお年寄りを相手にするような仕事に就くことは難しい。ここでも問題は、マインドの方なのだ。

デンマークやスウェーデンでは、雇用保険の受給期間が大体一年半〜二年はあって、最初はたとえば演劇やダンスのワークショップや農作業体験などを受けさせる。北欧の雇用政策では、最初の職業訓練の段階で人を喜ばせる喜びを感じさせ、マインドを変えてから技術を教える。今の日本の職業訓練は、刑務所の受刑者に「これをやれば食っていけるぞ」と木彫を教え込んでいるのに似たような状態だ。

日本人はまだまだ真面目だから、失職すると多くの人はきちんとハローワークに行って、一生懸命に職を探す。

しかし、こつこつと製造業で働いてきた方たちにとって、いそいそと面接に出かけてもなかなか再就職が決まらないと、みな、「自分はもう社会に必要とされていないのではないか」「真面目に生きてきた自分の人生とはなんだったのか」と思ってしまうそうだ。世の中の、就職状況の好況や、株高、仮想通貨などの狂乱を見れば、その疎外感は一層高まるだろう。中高年の男性ならば、世間の目も厳しく、「あそこのおじさんは会社に行ってないらしいよ」などと噂もされる。結果として、一定数の失職した中高年男性が引きこもってしまう。要するに、精神的なマッチングがうまくいっていないのだ。

現在、日本の社会が抱える大きな問題の一つが、中高年の男性の引きこもり、そして孤独死・孤立死だ。孤独死・孤立死は、社会全体にとっても大きなリスクとコストになる。その部屋は誰も住まなくなるし、周りの人のショックも大きく、近所の人さえ引っ越してしまう。それは、勝ち組であるはずの不動産所有者にとっても、個人では負い切れないほどのリスクとコストになる。

だから、私たちは考え方を変えていかなければならないのではないか。失業中の方が平日の昼間に映画館や劇場に来てくれたら、「失業しているのに劇場に来てくれてありがとう。社会とつながっていてくれてありがとう。その方が、最終的に行政や社会のコストもリスクも軽減されるからね」というように。あるいは、生活保護世帯がコンサートホールに来たら、「生活が大変なのに音楽を聴きに来てくれてありがとう。家に閉じこもらないでいてくれてありがとう」という社会にしていった方が、最終的に社会全体の負担が軽減する。

こういった考え方を「文化による社会包摂」と呼ぶ。

日本は古くから強い地縁血縁型の社会だった。しかし、そのような社会体系は戦後崩れ、企業社会がそれに取って代わった。社宅に住み、社員運動会に参加し、社員旅行を楽しみ、企業年金に守られて、人々は一生を終えると信じていた。しかし90年代以降、グローバル化が進行する中で、企業は労働者を守る必要がまったくなくなってしまう。

企業社会、あるいはそこへの信仰は崩壊した。ふと振り向くと古き良き地縁血縁型社会（という、これもまた幻想）もない。これが一時流行語にもなった「無縁社会」の正体だ。

しかも日本には、最後のセーフティネットである宗教もない。ヨーロッパのホームレスは、本当に困ったら教会に駆け込めるのだが、日本にはそれさえもない。要するに日本は、世界の先進国の中で最も人間が孤立しやすい社会になっているのだ。

いったん人間が孤立してしまうと、行政には、文字通り手の付けようがない。公的な機関と何の接点もなくなってしまうからだ。その中の一定数が、あるとき思いもよらぬ犯罪を起こしたり、あるいは反社会的な行動を起こしてしまう。

繰り返すが、社会とつながっていてもらい、セーフティネットをつくっていくことは、最終的に行政、あるいは社会全体のリスクやコストを軽減させるというのが社会包摂の考え方だ。であるならば、広い意味での文化活動の役割は、今までのような情操教育や生涯学習という視点ではなく、社会政策の一環として捉えられる時代になるのではないだろうか。

社会学の基本的な概念に、ゲゼルシャフトとゲマインシャフトという用語がある。利益共同体と地縁血縁型共同体とも訳される、その双方が、いずれも危機に瀕しているのだ。いや、正確に言えば、日本国民の大半は、まだその双方に属している。あるいは、少なくとも片方には属している。しかし、よく言われることだが、現在の日本社会では、「二つの不幸」が重なると、あっけなく貧困へと転落する。たとえば、「倒産やリストラ」と「家族の病気」あるいは、「不合理な転勤命令」と「親の介護」などである。これらはいずれも、利益共同体と地縁血縁型共同体の双方から遊離したときに起こっている。

だから、その二つの従来型の共同体の間に、「関心共同体」とも呼ぶべき、もう一つの、文化的要素でつながる緩やかな共同体を用意しておく必要があるのではないか。

こういった「文化による社会包摂」の話を、大学の授業では、もう十年以上前から行ってきた。

ただ、私が勤務する大阪大学や東京藝術大学の学生たちは、年を追うごとに、富裕層、中高一貫校などの出身者の割合が増えている。せめて中学校まででも地元の公立校に通っていてくれれば、身近に存在する貧困を感じる機会もあるのだろうが、そういった経験が徐々に減ってきていることを実感する。

社会の分断が進み、貧困は隠蔽される。極めて少数ではあるが、学生の中には、失職や生活保護は「自己責任」ではないかと公然と言う者も出始めている。

そこで私は近年、授業の中で、以下のような説明を付け加えることにした。

「ホームレスの方たちの話は、君たちにとっては遠いイメージかもしれない。生活保護さえも一生縁のない人が多いと思う。では、こういう説明ではどうだろう。

たとえば子育て中のお母さんが、子どもを保育所に預けて劇場に芝居を見に行くと後ろ指を指される社会と、生活保護世帯が劇場に来ると後ろ指を指される社会は、深いところで、その排除の論理はつながっていると私は思う」

杉並区では、保育園に子どもを預けた母親がファミレスで談笑していただけで通報されたという噂が多くの人に信じられている。私はこれは、都市伝説の類だと思うが、子どもを持つ劇団員たちに聞くと、みな口を揃えて「それくらいのことはあってもおかしくない」と言う。実際、２０１８年の初頭には、タレントの辻希美さんが、子どもを保育園に預けてスポーツジムに行ったことがネット上で批判を浴びるという事件も起こった。いつから日本は、これほどに世知辛い国になってしまったのか。

子どもを保育園に入れるための、いわゆる「保活」を続けている母親たちは、そのあまりの切実さに、「子どもを産んだこと自体が間違いだったのではないか」と感じてしまうそうだ。子育て中の母親もまた、孤立しやすい存在なのだ。

Uターンを拒む理由は何か

少しずつ、人口減少問題に戻っていこう。

拙著、『下り坂をそろそろと下る』のなかで私は、「子育て中のお母さんが子どもを保育園に預けて劇場に来ても後ろ指を指されない社会を作る」という提言を行い、これはある一定数の共感を得た。

だが、本当はこれだけでは、Uターンを呼び込むためにはまだ足りない部分がある。

奈義町と並んで、私が文化政策や教育政策のお手伝いをしているもう一つの自治体、兵庫県豊岡市にある城崎国際アートセンターの館長はUターン者である。その奥様は『ホタルノヒカリ』などで有名な漫画家のひうらさとるさん。漫画は現在、すべてネット入稿で仕事ができるので、どこに住んでいてもかまわないらしい。数年前に、子育てのことも考えて豊岡に家族で移住してきた。

しかし、ひうらさんが、この城崎の地を選んだもう一つの理由は、この町ならば、女性が外で一人でビールを飲んでいても何も言われないという点にあったそうだ。これは存外、大事な視点だと思う。六本木や代官山のオープンカフェで、昼下がりに女性がイタリアンを食べながらワインを飲んでいても、誰もなんとも思わない。しかし田舎では、「あそこの嫁は、昼間から酒をかっくらっている」と後ろ指を指される。

これも実際に、つい最近聞いた話なのだが、私の劇団の女優が青森県の出身者と結婚をした。二人は普段は東京で暮らしているのだが、法事で久しぶりに青森を訪ねた。家で開かれる法事だが、一人一万円の会費制ということだったので二万円を包んで持っていったのだが、一万円しかいらないと言う。若いから気を遣ってくれているのかと思ったらそうではなく、男性陣は居間で豪華な食事をとりながら酒を飲み、女性は延々と台所で働かされ、食事は立ったままで焼きそばだったそうだ（ちなみに旦那の方は食事をとっておいてくれたようだが）。

どれだけ雇用を増やしたところで、いったい、こんな町にUターン者が来るだろうか。

私は2016年、NHK山形が制作した人口減少対策の番組にコメンテーターとして出演した。スタジオには東北出身で東京に住む多くの女性が集められ、「Uターンを拒む理由は何か」が議論された。

事前に行われたアンケート調査では、U・J・Iターンを拒む一番の理由は、やはり雇用だった。しかしそれは、従来のように「雇用がない」というものではなく、「自分に合った仕事があるかどうか不安」という回答が多かった。これにはいくつか突っ込みどころがあるだろう。まず、その人たちは、はたして東京で自分に合った仕事をしているのかどうか？　しかし、おそらく問題はそこにはないのだ。東京には、自分に合った仕事が見つかる可能性が広がっている。それはほとんど幻想に過ぎなくても、やはり東京には、まだ夢がある。逆に地方には希望がない。

たしかに東京でしかできない仕事もあるのだろう。それは仕方がないし、本当にそのような仕事に就きたい人、就いている人はそれでかまわない。しかし、何となく可能性にしがみついているだけなら、UターンやIターンも選択肢に入れてもいいのではないか。

豊岡市では、「まちづくりと自己決定能力は車の両輪」と言っている。現状、豊岡には小さな短大が一つしかないから、人口の一定数が一度は外に出て行くのは仕方がない。理由があってパリやニューヨークに行くのはかまわない。しかし、「憧れだけで東京には行かせない」というのが豊岡市の教育の方針だ。そのためには、18歳までの時点で、自分の進みたい道を選び取る、あるいはそれが決まっていなくても、その時点での最善の選択を自分で考える力が必要だ。それだけの教養を身につけるために、18歳までに世界一流のアートに触れさせるというのが豊岡市の文化政策の基本となっている。

どんなに素晴らしい街を創っても、自己決定能力がなければ若者たちは東京になんとなく吸い寄せられていく。自己決定能力をつけても、街自体に魅力がなければ、若者たちは戻ってこない。二つが車の両輪とならなければ、人口減少は止まらない。

もう一つ重要なことは、地方には自分に合った仕事がないのではなく、「自分に合った仕事だけでは食っていけない」という点だ。

たしかに、WEBデザイナーだけでは、地方では月に10万円ほどの収入しか得られないかもしれない。しかし、月に五日間は援農に行く、三日間はベビーシッターをするといった形で、月に20万弱の収入を得ることは難しくない。いまはどこも人手不足だから、どうしても現金が欲しければ、コンビニでもファミレスでもバイトはある。最低賃金も上がり始めている。援農に行けば、野菜は腐るほどもらうことができる。家賃は安い。

車の維持費とガソリン代を差し引いても、充分に生活は続けていける。

実際に、Iターンなどで成功している街は、いわゆる「複業」を営めるシステムを持っているところが多い。

たとえば奈義町は、廃業になったガソリンスタンドを改装して、「しごとスタンド」を開設した。ここでは町役場や企業からアウトソーシングされた業務を、子育て中のお母さんなどが、数時間から請け負って働くことができる。究極のワークシェアリングである。

ワーキングスペースのまんなかに子どもの遊び場がある「しごとスタンド」

ワーキングスペースのまんなかに子どもの遊び場が設置してあるので、子どもたちが遊んでいる様子を見ながら作業ができる。そこそこの現金が得られることもうれしいが、お母さん方は何より、社会とつながっている感覚を持てることに喜びを感じるようだ。

先のアンケートの上位二番目にあげられていたのは、「楽しみや居場所があるかどうか不安」というものだった。U・J・Iターンを拒む理由の二番目に、広い意味での「文化」が来ているのだ。

ここでも事態は、実はより複雑だ。私は、地方自治体のU・J・Iターン担当者には、以下のように説明をする。

「移住を望む人たちは、都会の殺伐とした人間関係に疲れて地方の生活に憧れる。だから地方で、村八分のようにされることを一番心配する。しかし一方で、祭りや消防団のような、すべての行事に参加させられることも警戒している」

たいていの担当者は、「そんなわがままな」という顔をする。私も、たしかにわがままなとも思う。だが、本当に地方自治体が生き残りをかけて、U・J・Iターン者を呼び込みたいのなら、この極めて狭いストライクゾーンを狙って、街づくりをしていかなければならないのだろう。それはおそらく、日本社会に、これまでにない新しい市民社会を作り出すという試みだとさえ言える。ここでもやはり、関心共同体の構築がキーワードとなる。

教育と文化施策が鍵

アンケートの三番目、四番目は子どもの教育と医療に関する心配だった。

これまで各自治体は、Iターン者が「来る理由」ばかりを考えてきた。アンケート調査をすれば誰もが、「豊かな自然の中で、のんびり子どもを育てたい」と答える。だから各自治体とも、「豊かな自然」をアピールしてきた。しかし、豊かな自然は日本中にある。しかも若者たちは戻ってこなかった。

戻ってこない理由、移り住んでこない理由を潰していかなければならなかったのだ。

雇用はすでにある。地方の方が人手不足だ。

医療も相当に充実してきた。

残るは、教育と広い意味での文化なのだ。

たとえば豊岡市は、ここ数年、東京や大阪で、豊岡市主催の演劇教育のワークショップを行っている。U・J・Iターンの勧誘を前面に出さず、「豊岡に来れば、これだけの教育と文化施策を無償で享受できますよ」ということをアピールする作戦だ。

豊岡市で実施する中高生との演劇ワークショップ風景／提供：豊岡市民プラザ

参加した親子は口々に、「豊岡に移住してもいいと思った」と答える。あるいは、「自分は仕事があって移住できないけれど、知り合いに勧めたいと思った」という答えも多い。
豊岡市は、2017年度から、演劇的手法を使ったコミュニケーション教育を、市内39の小中学校全校で実施している。
一方、豊岡市は、ふるさと教育、英語教育にも力を入れており、全中学校にALT（外国語指導助手）を配置するほか、幼保からネイティブの英語に触れる機会を多く用意している。

余談だが、豊岡市でこのような先進的な取り組みが急速に受け入れられたのには、一つの背景がある。

かつてこの豊岡の地に、東井義雄という教育者がいた。東井義雄先生は昭和30年代に「村を捨てる学力、村を育てる学力」という概念を提唱した。このまま、いわゆる「学力」だけを伸ばしても優秀な子どもたちほど東京に出て行ってしまい、村は痩せ細るばかりだ。もっと共同体を豊かにする教育に、その本質を切り替えるべきではないかと唱えたのだ。

高度経済成長のただ中で、このような主張が、但馬の地から生まれたのは驚嘆に値する。いま文科省が進める「グローバル教育」は、21世紀版の「村を捨てる学力」、いわば「国を捨てる学力」なのではないかと私は思う。

さて、これらの理念や施策をワークショップの実演も交えて紹介し、最後に名物の「コウノトリ米」と移住促進のパンフレットを持って帰ってもらう。一番最後に「移住」という一番高価なものを売りつける。私はこれを「羽毛布団商法」と呼んでいるのだが、これが存外、好評なのだ。

総務省主催のIターンフェスタなどにブースを出して、パンフレットをばらまいても砂漠に水をまくようなものだ。関心のある層に、興味をひく内容を届けなければ成果は上がらない。

三度、繰り返すが、子育て中のお母さん方の関心は、子育て支援と、教育水準と医療、そして居場所（文化）である。このことに気がついた自治体と、未だにそれに気がつかずに、公共事業と企業を引っ張ってくれば、それだけで地域振興になると考えている自治体との間で、いま、大きな差がつきつつある。

大学の教員を18年続けていて、少なくとも私のゼミのなかで、「地元は雇用がないから帰らない」という学生には会ったことがない。彼らは口々に「田舎はつまらない」と言う。「（東京や大阪で）こんなに刺激的な生活をしてしまったら、もう田舎には戻れない」と言う。

私は政治家たちに、「だったら面白い町を作ればいいじゃないですか。出会いのある町を、可能性の広がる町を作ればいいじゃないですか」と言うのだが、これが案外難しい。このことを首長が言ったとたんに、自分の支持者はつまらない人たちで、つまらない人たちだけがこの町に残っていると公言することになってしまうからだ。

しかし、このマインドの問題に勇気を持って踏み込まない限り、地方の再生はあり得ない。

もう一点大事なことは、これまでも文中で触れてきたように、リベラルでオープンな町を作るということだ。

先に、青森の法事の例を出したが、私自身にも似たような思い出がある。

私の母は東京生まれだが、14歳の時に東京大空襲で焼け出され祖父の実家のある秋田に疎開した。中学高校を秋田で過ごしたので友人も多く、生前は年に数回は秋田に遊びに帰っていた。しかし、その母が、自分の父親の葬式にさえ戻らなかった。父親を亡くした悲しみに浸ることも許されずに働かされることに耐えられなかったからだ。

前述したNHKの番組収録の際に、私はこのエピソードを紹介し、「そんな、ふるさとに帰りたいと思いますか?」と問いかけた。スタジオにいるすべての東北出身の女性たちは深く頷いた。ここを乗り越えなければ、日本の人口減少は止まらない。

都市と地方をかきまぜ、「関係人口」を創出する

高橋博之

1974岩手県生まれ。「東北食べる通信」初代編集長。一般社団法人「日本食べる通信リーグ」代表理事。特定非営利活動法人「東北開墾」代表理事。株式会社ポケットマルシェCEO。2006年、岩手県県議会議員補欠選挙に無所属で立候補し、初当選。2011年、岩手県知事選に出馬するも、落選。2013年に「東北食べる通信」を創刊。同誌は、2014年にグッドデザイン金賞、2016年に日本サービス大賞を受賞。著書に『都市と地方をかきまぜる』。

生産者の姿を「可視化」する

いま、人口減少社会における最大の課題のひとつが「地方創生」だろう。少子高齢化が急激に進み、消失の危機に瀕する地方では、文字通り「限界集落」というほかない衰退著しい農村が多く存在する。この事態をなんとかしようと、政府や地方自治体は婚活・子育てへの支援、地方への移住促進などさまざまな少子化対策を講じてきたが、東京一極集中は加速し、地方の構造的な苦しさは深まるばかりである。

私はこれまで数多くの一次生産者たちの話を聞き、農漁村の疲弊に向き合ってきたが、本稿では「食」の視点から、現在の都市と地方の関係の問題点をつまびらかにし、これからの社会のグランドデザインを描いてみたい。食べることは生きること――いちばん切実な「食」の問題にこそ、私たちの社会の本質とその打開策が隠されていると思うからだ。

私が編集長を務める「東北食べる通信」は、2013年7月に創刊した世界初の食べ物付き情報誌だ。農家や漁師の人びとの物語を綴った大判の冊子に、その生産者が実際に育てた食べ物を付録にして都市生活者に宅配で届ける。つくる人（生産者）と食べる人（消費者）をつなぐ「食べる通信」の新しいモデルは全国各地に広がり、これまで北海道から沖縄まで40地域以上で創刊されてきた。さらに「食べる通信」は海を渡り、台湾でも4地域で創刊されるなど、共感の輪を東アジアに広げつつある。

私たち消費者が日頃見ている食べ物の世界は、スーパーに整然と陳列された食材や、レストランで綺麗に皿に盛り付けられた料理など、すべて食べ物の表側の世界だ。その裏側にいる生産者の姿は都会の消費地からまったく見えない。「食べる通信」はその生産者の姿を可視化した。

一次産業が苦境に陥る中で、なぜ彼らは農家や漁師になったのか？

彼らは生産現場でどんな工夫や努力を重ね、こだわりの生産物を育てているのか？

そんな人間ドラマを徹底的に掘り下げて、特集記事にまとめる。創刊以降、月刊誌としてこれまで58号制作してきたが、毎号、私が現場に足を運び、取材している。ひとりの生産者にスポットをあてた一回の特集記事は約8千字に及ぶので、これまで40万字以上、彼らの物語を書いてきたことになる。同じ生産物でも、生産者の物語を読んでから食べると、どんな一流の料理人でも味付けできない「理解」と「感謝」という味付けが加わる分、美味しく感じるようになる。普段見えない生産者を「見える化」することによって、その生産物の価値を消費者に正当に評価してほしいという思いが、そこにはあった。

そもそも現在、食べ物の価格は適正と言えるだろうか。

食の生産現場では、一次産業では生活できないと言って、農家や漁師がどんどん減っている。食べ物をつくる人が食べられないとは、なんともおかしな話だ。食のグローバル化が進む中で安値を強いられ、生産者は十分な利益を得るのが難しい状態が長らく続いてきた。確かに食べ物の価格が下がれば、消費者にとっては喜ばしいことだろう。しかし生産者が減っていけば、やがて一部の富裕層しか国産品を子どもたちに食べさせることができなくなる。

実のところ、食べ物の価格が下がり過ぎれば、私たちの命や健康をも脅かすことになる。あとを絶たない食品偽装問題の根源には、1円でも安価な食べ物を選ぶという消費行動が、生産プロセスが見えない食べ物の大量製造を招いている部分も否めない。2007年、ミートホープの挽肉偽装事件が明るみに出て、社長が記者会見で「半額セールで喜ぶ消費者にも問題がある」「安い冷凍食品を喜んで買う消費者も悪い」と語り、世間から集中砲火を浴びた。

確かに偽装は悪だし、批判も当然だが、この社長の発言は、私たちが食べ物を選ぶときに「安さ」を判断基準にしてきたことが、生産プロセスのブラックボックス化を招いてきたことを突きつける。食の安全のためのコストを消費者も理解しないと、食品偽装の問題は繰り返されることになるだろう。

一昨年、熊本で出会ったある女医が、自分の病院に来る患者を減らすため、野菜ソムリエの資格をとったと言っていた。現代人は普段の食生活に関心を払わず、安全のコストも払わない。そうしてあるとき病気になり、多額の医療費を払い、最後はベッドの上で悲惨な終わり方をする人も多い。同じお金を払うならネガティブなコストではなく、安全な食べ物を買うことにポジティブなコストをかけて、健康寿命を伸ばしてはどうだろう。私たち自身の消費行動を変えることが、人生百年時代に相応しい低コストな医食同源の社会づくりとなる。

グローバリズムの外側に出る

グローバル資本主義が押し進めた、安値・大量生産の土俵の外側で、新しい試みをする人びとも現れている。市場原理に振り回されにくい、独自の価値を一次生産の現場でつくろうとする生産者たちを私は数多く取材してきた。

中洞牧場の山地酪農ウシは一年を通して山で自由に過ごし、野シバや木の葉を食べて育つ

たとえば、岩手県岩泉町の中洞《なかほら》牧場では、24時間365日自然放牧で乳牛を育てている。日本の大半の酪農の現場では、牛の首に鎖をつけて牛舎で密飼いし、外国から輸入した栄養過多の飼料を与え、搾乳量を強引に増やしているが、不健康な乳牛は病気になりやすく、関係者以外の立ち入りも禁止されている。一方、中洞牧場の牛

は病気になることも少なく、寿命も長い。中洞正さん（65）が年中、消費者に見学してもらえるように牧場をオープンにしているのは、自信があるからこそできることなのだ。だから、中洞牧場の牛乳は高い。一本1000円以上するが、売れている。生産プロセスがわかる食べ物を買うときにそれなりの値段がするのは当然なのだと、中洞牧場を見てよくわかった。それは安全のコストなのだ。

また、福島原発の事故後、相馬市にUターンして新規就農した菊地将兵さん（31）は「日本で一番汚れてしまった場所だからこそ、日本で一番安全な食べ物をつくりたい」と、有機農業を始め、2年前からは養鶏に踏み出した。スーパーで売っている市販の卵は、抗生物質やワクチンを大量に投与され、添加物入り・遺伝子組み換えの餌で育てられた鶏が産んだもので、それを息子に食べさせることが怖いと感じていたからだ。

安全な卵をつくるため、自分たちで集めた自然由来の餌しか与えない。町の魚屋から鮮度が落ちた魚やアラを野菜と物々交換で手に入れるなどしているため、餌集めだけで一日8時間かかる。そうやって作られた「相馬ミルキーエッグ」は、1パック10個で770円。「そんな高い卵を誰が買うんだ」と農家の親族から反対されたが、評判は口コミで広がり、定期購入する固定客が地域内外に増えていった。

「オーガニックは金持ちしか食えない。これが今ぶつかっている壁だ」と菊地さんは吐露する。その壁を乗り越える一歩として、昨年830円への値上げに踏み切り、1パック購入されるごとに30円を母子家庭、父子家庭、養護施設の子どもたちにオーガニックの食べ物として寄付するための資金にすることを宣言した。菊地さんの思いに共感した消費者から注文が入り、逆に値上げ前より客は増えている。

漁業の分野でも小さな革命が起きている。

山形県鶴岡市の延縄《はえなわ》漁師、鈴木剛太さん（32）は、秋が近づくと鰆《さわら》を獲りに船を出す。私が2016年に同行取材したときは炎天下の中8時間の漁だった。1000本の針を海に投げ、当たりは81本。1割以下の当たり率だが「大漁だ」と剛太さんは笑う。なぜこんなにも少ない漁でやっていけるのか？

船上での神経抜きや活締めという高度な技で高い鮮度を保つ「庄内おばこサワラ」

剛太さんは一匹一匹傷がつかないように鰆を釣り上げると即座に水揚げを中止。台の上で神経抜きを施す。その間およそ10秒。たゆまぬ努力で培われた職人技だ。その後数分間血抜きをし、氷水を入れたケースに丁寧に敷き詰める。船から降り、出荷するときも、剛太さんは細心の注意を払って鰆を扱っていた。こうして最大限に質の向上を目指した鰆は「庄内おばこサワラ」という名でブランド化され、築地市場で1キロ2000円以上の値がつくこともある。通常の鰆は800円程度にもかかわらずだ。

このブランド化の背景には、漁師たちの強い危機感があった。広大な太平洋と違って日本海側は漁場も狭く資源が限られる。年々減少する漁獲量と収入は、山形県漁業の未来に大きな不安の影を落としていた。そこで剛太さんを含めた10人余りの漁師たちが、庄内おばこサワラブランド推進協議会を結成。鰆を生で食べる文化のない東京に、何年もかけて需要をゼロからつくり上げたのである。

「『とる』漁業は終わった。これからは『つくる』漁業だ」と剛太さんは語る。「網だとたくさん獲れるかもしれないけれど、魚の痛みが激しいから単価も安い。延縄は、糸と針でやるから魚を傷つけない。いい状態で魚をあげて、その魚を高い鮮度で保てば、刺身にもなるから単価も上がる。そうなれば少ない水揚げでも十分やっていける」。子や孫の代まで漁業を残すと意気込む剛太さんは、安値競争の外側で漁業の未来を見据えていた。

ここに紹介したのは、ほんの一例だ。

昨今、野菜の高騰が家計を圧迫しているという報道が散見されるが、考えてみてほしい。家計消費に占める生鮮野菜の割合は長らく2％前後で推移している。たったの2％、携帯電話に払っている高い料金を少し工夫すれば、捻出できない金額ではないだろう。一方、生産者の苦しい現実が報じられることは少ない。だから私は、生産者の物語と生産プロセスを伝えることで、食べ物の価格を今一度、読者に計り直してもらいたいと思っている。

「異質なものをつなげる」場としてのメディア

本来、生産者と消費者は、相互依存関係にある。消費者はいくらお金を稼いでも食べ物をつくってくれる人がいなければ生きていけないし、生産者もどれだけ食べ物を育てても買ってくれる人がいなければ生活していけない。お互い様の関係だ。

しかし、高度経済成長期を経て、食の大規模流通システムが肥大化していく中で、生産者と消費者は互いに異質な存在としてすっかり分断されてしまった。そして、生産者は「お客様」の顔色を窺いながら生産活動を行うという不健全な関係になってしまった。

だから「東北食べる通信」では、まず食べ物の裏側を可視化し、消費者と同じように家族を養い、生活する生身の人間が自分たちの代わりに食べ物をつくっていることを読者に知ってもらう。そして、生産者の物語に共感した読者が直接つながれるような場をSNSでつくった。すると自然に、読者から「ごちそうさま」などの感謝の言葉が生産者にかけられ、生産者も「モチベーションがあがった」などとコメントで応じた。さらにインターネット上だけでなく、生産者交流会や現地イベントなどのリアルな交流の場も設けていったことで、生産者と読者は直接交流を深めていった。「食べる通信」をパスポートに、独自に生産者を訪ねる読者も続出した。このように、共感した読者はさまざまな形で現場に参加している。

私自身が驚いたのは、秋田県で、あえて田んぼを耕さない「不耕起栽培」農法を実践する菊地晃生さん（38）の例だ。私は菊地さんの半生と哲学に共感して、2013年に誌面で取り上げたのだが、その1年後のこと、菊地さんが絶体絶命の窮地に立たされる事件が起こる。長雨続きに加え、田んぼから水を抜くタイミングを誤り、稲刈りの時期を迎えても田んぼがぬかるんだままだったのだ。家族4人総出で手刈りをしても、とうてい間に合わない。

藁にもすがる思いで菊地さんは自分のフェイスブックに「一生に一度のお願い」と題して窮状を伝え、稲刈りに手伝いに来てほしいと訴えた。900人が登録する「東北食べる通信読者グループ」にも同じ投稿がなされた。

危機を知り、全国から秋田に駆けつけた読者が無償で稲刈りをした

するとアップした翌日から、都会から読者が続々と自前で秋田に訪れ、裸足で田んぼに入って手刈りをはじめた。その数、のべ200人。中には関西から飛んできた人もいた。この前代未聞の事態に、「食べる通信」でつながりがあった他の農家や漁師も呼応し、炊き出し用にと食材を次々と現地に送ってくれ、現場では読者が調理して、みんなで輪になって食べたのだった。結果、2週間で稲刈りは終わり、菊地家は救われた。

消費者と生産者が顔の見える交流を通じ、お互いを思いやるような継続的関係に育っていたのは大きな発見だった。

ある都内在住の読者はこれまで、台風が来ると公共交通情報しか気にしていなかったのが、三陸の波の高さを調べるようになったと語った。「東北食べる通信」を通じて出会った三陸の漁師の海苔養殖用筏《いかだ》が大丈夫か、心配しているのである。

こうして豊作の喜びや不作の悲しみを共に分かち合う関係にまで発展し、特定の生産者の生産物を適正価格で購入し、応援し続けている読者もいる。生産者が都内の催事に出店すると、手伝いに馳せ参じ、売り子として店頭に立つ読者もいる。中には、関係性が深まり過ぎ、特集した生産者と恋に落ちて青森県下北半島に嫁いだ東京のOLもいるほどだ。見えないものを見えるようにし、異質なものをつなぐことで、「食べる通信」は〝共感〟と〝参加〟の回路を開いたのだ。

人口減少にあえぐ岩手県で

「東北食べる通信」を始める前、私は岩手県議会議員をしていた。18歳で上京し、大学卒業後は新聞記者になれず、議員秘書や週刊誌記者など、アルバイトで食いつないでいた。29歳のとき一念発起し、帰郷。31歳で岩手県議会議員選挙に出馬し、初当選を果たした。以来、東日本大震災までの2期5年県議を務めることになる。選挙区の花巻市は私が生まれ育った人口約10万人の自治体で、奥羽山脈を背後に田畑が広がる農村地域でもある。しかし、中心市街地に実家があったので、農業とは無縁だった。

岩手県は四国に匹敵する広大な面積を有していて、そこに約140万人が暮らしていた。県立高校も県立病院も日本一多かったのだが、人口減少社会に転じ、統廃合の問題が浮上していた。花巻市でも農村部にある県立病院で入院施設のない無床診療所化の問題が持ち上がり、住民の反対の声が日増しに強くなっていった。私もその渦中にいたのだが、高校にせよ病院にせよ、統廃合の背景には生徒や患者の数の減少があり、人口減少社会の足音が聞こえてくるのを肌で感じていた。そうした農村部の民家を戸別訪問すると、住民から最も多く聞くのが「農業じゃ飯が食えない」という声だった。そうした家の子どもたちは後を継がずに都会に出ていくわけだから、年々、過疎・高齢化が進むのも当然のことであった。

私が生まれる少し前の1970年に1035万人いた農業従事者は、2016年に192万人に減少している。その内、65歳以上の高齢者が125万人、39歳以下はたったの12万人しかいない。そして年齢別に見たときに離農率が一番高いのが、39歳以下だ。

私が県議をしていた当時からこの減少傾向は続いており、まさにこの数字が突きつける現実を現場で見聞きする中で、これまで食の生産の問題が全て他人事だった自分に気づいたのである。人間は食べないと生きていくことができない。つまり、すべての国民は食の当事者であるはずなのに、まったく一次産業に無関心だった。

食べ物がなくなって困るのは私たち消費者なら、生産者だけが後継者不足の問題に頭を抱えるのではなく、私たちも当事者意識をもつ必要があるのではないか。値段を判断基準に消費行動をしてきた自分たちは、一次産業を衰退させてきた間接的な加害者ではないか。そう思ったのである。

そうして、酪農や米づくりの現場を体験する中、人間がコントロールできない自然に翻弄されながら、命を育てる仕事がどれだけ大変なのかを痛感した。生き物だから病気にもなるし、死ぬことだってある。天候不良で費やしてきた膨大な努力が水の泡になることもある。考えてみれば、私たちは農家に生かされているんだという、畏敬の念が自然と生まれていった。

農家は自然から学び、自然と共に生きる知恵や技、判断力を身につけている。そんな地域の人々が蓄積してきた知恵や技、判断力という経験知は、一種の科学とも言える。農家の経験知を活かした生産活動は、自然を人間の食べ物に変えるためのスモールサイエンスだ。

だが、戦後日本人は農村を飛び出し、思い通りにならない自然や他者、地域社会など、面倒な関わりは捨てて都市に流れ込んだ。しかし、煩わしさからの解放と引き換えに、自然や地域社会との関わりの中でしか得られない知恵や技、判断力を手放してしまった。暮らしの豊かさを、原子力発電や遺伝子工学などのビッグサイエンスに託し、行政・科学技術・経済に委ねきって、観客席の上から高みの見物を決め込んでしまった。

そこには自分たちの暮らしを、自らの知恵と創意工夫でつくりあげる喜び、感動はない。地域の課題を、みんなで知恵を出し合って解決するマインドを失い、社会をつくる当事者ではなく、〝お客様〟になってしまったのだ。

そんな当事者意識を失った一億総観客社会から、活力など生まれようもない。生産人口は減り、需要不足で経済が低迷し、税収も減り、行財政資源も縮小を余儀なくされ、高齢者を支える負担も核家族に重くのしかかる中、豊かさの基盤となっていた原子力というビッグサイエンスが暴走し、私たちは狼狽した。成長を過度に求めたがゆえに、かえって根源的なリスクを構造的に抱え込んでしまった社会は、社会学者ウルリッヒ・ベックの言う「リスク社会」の蟻地獄そのものである。

地域との関わりを持たずに「ひとりで生きる」一億総観客社会は、「高コスト社会」でもある。孤立が進めば進むほど、一人ひとりの生活維持コストは増える。この諸問題を解決するために、経済と科学技術の力だけに再び依存すれば、さらなる「リスク社会」の深みにはまり込むことは避けられないだろう。

では、どうするか。暮らしと社会に、「関わりの力」を復元することである。

自然や他者、地域社会との関わりを復元することは、私たちが観客席からグラウンドに降り、自分の暮らしの主人公になることを意味する。自分の力で社会をつくる側に回る。でもそれは仕方なく降りるのではなく、グラウンドでプレーした方がずっと楽しいから降りるのだ。

自分を取り巻く環境に主体的に参加している農家の人びとの姿は、自ら暮らしをつくりあげる喜びや感動を私に気づかせてくれた。それは私たちの社会を、自分の手に取り戻すことであり、同時に災害・経済・病といったファクターに脆弱な「リスク社会」に備えるということでもある。生産者との交流を通じて、そんなことを考え始めていた矢先に起こったのが、２０１１年の東日本大震災だった。

3・11が語るもの

当時、私は岩手県議会議員2期目の終盤を迎えていた。発災直後から被災地となった岩手県大槌町に入り、支援物資を避難所に届けるなどのボランティア活動をしていた。被災者があの震災で一番感じていたことは、「自然には敵わない」ということだった。どんなに人間が考え、備えても、それを超える力を自然は持っている。防潮堤を積み木のようになぎ倒した自然の圧倒的な力を目の当たりにし、ただただ呆然としていた。

ところがその後、国や県が示してきた復興計画は、さらに巨大な防潮堤をつくることを前提にしたまちづくりで、自然との対決路線の延長線上にあるものだった。「自然と戦ってはならない」という教訓がまったく活かされていないように見えた。

私は、津波を人工建造物で迎え撃つという発想から逃れ、津波が来ることを前提にしっかりと逃げ切れるまちづくりを掲げて岩手県知事選挙に出馬した。防潮堤と行政に極端に依存する従来の防災のあり方は、地域住民の命は住民みんなで守るという当事者意識を薄れさせ、結果として命が奪われるリスクを高める。住民自身がグラウンドに降りて参加する防災のあり方を訴えたが、現職に敗れた。

そして今、三陸の海には巨大防潮堤が立ち並び始めている。東北の山間部では、過疎化で人がいなくなったところから警戒心の薄れた野生動物が人間の生活領域に入り込み、農作物が食い荒らされるなど深刻な問題になりつつある。対策として、農地や集落に電気柵を張り巡らせるところもある。海と山から自然に攻め入られ、防潮堤と電気柵で迎え撃とうとする人間。その姿は、皮肉にもまるで動物園の檻に入れられてしまった動物のようである。

人口減少社会では、人間圏が自然圏からのゆるやかな撤退を余儀なくされる。そして、新たな人間圏と自然圏の境界線上で私たちは「自然と共生する知恵」を駆使して生活していかなければならない。その境界線は、都心部にもじわじわと侵食する。自然との向き合い方は決して田舎だけの問題ではないのだ。

近代以降、徹底的に自然を排除する思想でつくられてきた都市の中で、人工物に囲まれて暮らす都市住民は、いつの間にか、もっとも身近な自然であるはずの自分自身の体からも目を背けてしまった。私たちは動植物の命を自分の命に変えて、生きていること。人間もまた生き物という自然であり、生老病死という自然は本来コントロールできないことをどこか忘れてしまっていた。

その生命の本質を私たちに突きつけたのが、東日本大震災の被災地だった。おびただしい人間の死があった。被災地支援に訪れたボランティアの都市住民が目撃したのは、「生」と「死」が陸続きになった自然の世界だった。

昨日まで笑って話していた家族や友人、隣人が突然いなくなる。最愛の人の命を奪っていったのは、海という自然だった。明日は必ずやってくるとばかり思っていたが、決してそうではないことを、被災者だけでなくボランティアも知った。そして、文明社会を一瞬にして瓦礫の山に化した自然の力を前に、頭を垂れた。日頃の都市生活ですっかり忘れていたが、今もって私たちの傍らには圧倒的な自然があり、その自然からはどこまでいっても逃れられないし、コントロールすることもできないと思い知ったのである。

同時に、被災地は漁村でもあったことから、ボランティアの都市住民は食べ物の裏側に隠れていた生産者たちのリアルな仕事に触れ、驚愕した。そこにいたのは、人間がコントロールできない海を相手に、魚を獲り、貝を育てる漁師たちだった。漁業体験などを通じて、消費者である都市住民たちは大きな「生物のサイクル」の中で生かされる自分を確認したのだった。日頃、自動車のガソリン給油よろしく工業的食事にどっぷり浸かっていた都市住民が、自分が食べていたものは生き物の命であり、その生き物が自分の体をつくっていたことを実感したのである。

被災地に駆けつけたボランティアの都市住民がよく口にしていたことがあった。それは、「久しぶりにみんなでご飯を食べた」である。支援してくれているお礼にと、漁師が獲った魚をボランティアに振る舞う。ボランティアの都市住民は定期的に被災地を訪れては、互いに近況を報告し合いながら食卓を囲み、関係性を育んでいた。そして、都市に戻っても、漁師から送られてきた海産物を料理し、スマホで料理写真を送って「ごちそうさま」を伝える。そんな拡張家族とでも言えるようなゆるやかな関係を、被災した漁師とボランティアが紡いでいたのである。

ガソリン給油のような工業的食事は通常、ひとりでする。大都市にひしめく飲食チェーン店に入ると、目の前の店員や隣の客と会話することはなく、みんなただ黙って食べている。

まさに栄養摂取そのもの。あの光景は食事というより、もはや家畜の給餌だ。孤食は家庭や職場のあらゆるところに侵食し、みな、食べたいものを食べたいときにバラバラに食べる。

Googleで人工知能開発を指揮するレイ・カーツワイルは、「食べ物から栄養をとるという面倒はまったく不要になる」と予測している。彼によると、栄養は特殊な代謝用ナノボットによって血流へ直接送り込まれ、同時に血中や体内にあるセンサーが、それぞれの部位で必要な栄養について、無線通信で情報を送れるようになるという。２０２０年代後半にはこうした技術は成熟し、美食の喜びを感じさせてくれるものをほしいままに食べられるＶＲ技術も実用化されるらしい。また、カーツワイルはセックスという面倒からも文明人は解放されるようになるとしている。子孫を残すという目的を達成するために必要な体外受精技術は進化し、快楽を味わう目的であればVRにお任せあれ、と。

食べることも、セックスすることも、実に動物的行為だ。動物がやっていることと言えば、生き延びるために他の生き物を捕まえて食べることと、子孫を残すために交尾することくらいである。それをカーツワイルは面倒なことと言っている。彼のことをおぞましいと思うだろうか。日本の現実を見れば、工業的食事を満たすマーケットは拡大し、セックスレスも増加の一途にある。

カーツワイルが予測する未来に、私たちの社会はじわじわと近づいていることを誰が否定できようか。

「関係人口」を創出する

3・11でとりわけ甚大な被害を被ったのは、東北の過疎高齢化著しい沿岸部の漁村集落だった。震災前から行き詰まりを見せていた辺境地域が津波と原発事故によって壊滅に追い込まれたわけだが、そこに暮らす人々の力だけで立ち上がり、再生することは不可能だった（今も尚再生の途上にある）。

高齢化を伴う人口減少と津波に飲み込まれた被災地の被災者を支えたのは、都市のよそ者であった。被災者の暮らしや生業を立て直すために、まるで自分のことのようにして、自分が持っている知見や技術、ネットワーク、体力、時間、お金を使って、関わりを持ち続ける都市住民が生まれていった。細まったとはいえ、今もそのつながりは続いている。

なぜ、そのつながりは途切れることなく、続いているのだろうか。それは一方的な支援という関係ではなかったからだと思う。私は被災地にいて、被災地に「支援」に来たはずのボランティアが、逆に被災地や被災者から力をもらい、都市に戻っていくことに、はたと気づいた。

私は、都内の公民館を中心に180回以上の車座座談会を開き、都市住民の声に耳を傾けてきたが、一番多いのが、「生きる実感を持てない」「リアリティに飢えている」という類の声だ。平均寿命も長い平和な飽食の社会で、「死」を感じたり、考えたりする場面はほとんどない。「死」から目を背けた結果、私たちはまるで締め切りのない人生を漫然と歩かされているかのように、生気を失った顔をし、生きる実感がわかないとぼやいている。

そんな都市住民は被災地に入っていったことで、自らの中に眠っていた自然を発見し、生のスイッチを起動させていた。そして、程よい距離感で互いを思いやれる拡張家族のような関係を手にしていた。つまり、都市住民と被災者は、互いの強みで互いの弱みを補い合う連帯関係を築くことができたのだ。お互いを必要としているからこそ、細く長く続く関係に発展していったのだと思う。

確かに被災地は甚大な被害を受け、定住人口は減った。しかし、そのまちに暮らす人の現状に思いを馳せ、未来を案じ、継続的に関わりを持ち続ける人は震災後にぐんと増えている。私はこうした人々を「関係人口」と定義し、4年前からその拡大を訴えてきた。

遠く離れた地域にも関わりを持ち続けようと主体的・能動的に動く人たちは、常に自分にできる役割を探している。つまり、観客席からお節介にもよそのグラウンドに降りようとしているのだ。この「関係人口」を第二住民として地方のまちづくりに参加させればいいというのが、私の提案である。

日本は世界に先駆けて、人類史上稀に見る人口減少社会に突入した。政府はさまざまな施策を講じているが、仮に出生率が回復したところで人口減少を反転させることは不可能な人口構造にまで移行してきた。お隣の韓国でも国をあげて数兆円規模の少子化対策をしているが、暖簾に腕押しだ。むしろ、人口が減り、高齢者が増えることを前提に、いかに食の生産の場を守って、私たちが幸福かつ豊かな社会を築いていけるか、できるだけ負の遺産を次世代に残さないかを探っていったほうが有益ではないかと思う。

贅肉だらけの一億総観客社会を、いかに自らが動く、筋肉質で健康的な社会に変えていけるか——。

そのとき、関係人口の創出というアプローチは、非常に効果的なダイエット方法になると思う。たとえ人口が量的に減っても、各年代で能動的かつ主体的に地方の複数の現場に関わる人が増えていく人口の「質的変換」がなされれば、社会は今より活力を増すことだってあり得るはずだ。

「関係人口」がつくり出すコミュニティのひとつの例はこうだ。

岩手県久慈市山形町の畜産農家、柿木敏由貴さん(45)は、自らがこだわって育てている短角牛の価値に共感してくれた「食べる通信」の読者とファンコミュニティをつくり、牧場を会員が訪問したり、柿木さんが東京に招かれたりする中、74名の会員たちとともに、畜産の現場で何を課題と感じているのか、それに対して消費者は何ができるのか、意見交換を積み重ねてきた。

このコミュニティの威力が発揮された出来事が、2016年夏にあった。柿木さんが所属する生産者組合では、コスト削減のために「国産飼料100%の旗を降ろして、輸入飼料を導入しよう」という方針が決まりつつあった。それに対して柿木さんが「自分は今の肉の味が気に入っているし、国産エサ100%で育てた短角牛が美味しいと言って指名してくれているシェフを裏切りたくない。コスト的に厳しくても、なんとか国産飼料だけで続けられないだろうかと悩んでいる」と会員が集まったミーティングで打ち明けた。すると、会員から次々と「何があっても柿木さんの考えを支持する!」「草の根だけど宣伝活動頑張ります!」と応援の声が上がった。

そして、「国産エサ100%で育てた希少な赤身」をキャッチコピーに都内の大学祭に出店してローストビーフを販売する会員や、盛岡市内の加工肉の工房で、柿木さんが育てた牛で生ハムを仕込む有志メンバーたちも現れたのだ。会員はただの消費者ではなく、柿木さんの理解者であり、草の根営業マンに成長しつつある。

孤立を乗り越え、こうした関係人口が増えていけば、それは人口の実数よりも2倍、3倍の力を持ち得るのではないか。

本年3月、政府は東北被災地の人口減少対策として、地域に継続的にかかわる関係人口の創出を支援する方針を示した。被災地は本格的な人口減少社会に突入する日本の近未来を先取りしている。ここで生み出されてきた「関係人口」を可視化し、日本全体に広げていくのだ。いまの日本にそれは可能だと思う。

「東北食べる通信」で対談した農業経済学者の藤原辰史さんは、「今の時代の人間関係は、界面活性剤化している」と表現する。界面活性剤とは、モノとモノが触れるときに摩擦がないようにするための薬剤で、今の人間関係はツルツルしていると。でも、生きるということは、相手との「間」がゴニョゴニョしているということ。自分と自分以外の誰かがいたとき、そこから「生きる」が始まる。相手がこう動いたら自分はこう動く、すると相手もこう動く。そうした相互作用で動き、動かされる。その複雑形が「生きる」ということだ。

そんなゴニョゴニョとした生きるダイナミズムは、分断を超えて都市と地方がかきまぜられたとき、各々の体から湧き上がってくる。

一見、スマートで生活が満ち足りているように見える人も、一皮めくれば生きる実感を持てず、惰性に「生」を委ねるだけの都市住民だったりする。仕事にやりがいを感じられず、何のために生きているのか苦悩したり、明日への希望が持てなかったりする都市生活者も多い。

一方、農業漁業の現場はシンプルだ。生きるために必要な食べ物を自分でつくる。こんなにわかりやすい「生きる」があるだろうか。体を動かせば汗をかくし、腹も減るし、ぐっすり眠れる。「難しいことわかんないけど、生きるってつまりそういうことだろ」と生産者たちに言われると、私などいつもぐうの音も出ない。彼らは生きることを頭で考えるのではなく、体で感じている。身体性を回復することの大切さを、自らの手で暮らしをつくるおもしろさを、生き方そのもので私たちに伝えてくれる。

でも、生活は苦しいという生産者は少なくない。農業漁業の稼ぎだけで、普通に子どもを産み育て生きるという当たり前な暮らしは困難だと嘆く。その声に触れたとき、私は何か役に立ちたいという衝動に駆られる。それはきっと私だけではないだろう。

今の社会での生き方に飽き足らない都市生活者と、助けを必要とする地方の生産者たちが、ちょうど電池の両極のようにつながれば、新しい社会をつくる力に変えられるはずだ。

東日本大震災という緊急時が人口減少社会に産み落としたような関係人口を、平常時でもつくっていきたい。そう思って、私は「東北食べる通信」を編集し続けてきた。

食べることは生きること――生きることが「関係」ならば、食べることも「関係」が見えなければならない。農漁村は被災地と同じくどこも疲弊しているが、都市の消費者とのつながりを食を介して生み出すメディアがあれば、日常的に関係人口を生み出せる装置になるはずだ。

一昨年（２０１６年）からは「食べる通信」での知見を活かし、「ポケットマルシェ」という生産者からダイレクトに食材を買えて、直接話せるオンラインの産直アプリのサービスも開始した。ここでは生産者自身が情報発信者となり、食べ物の裏側を可視化し、自ら物語を語る。共感した消費者は購入し、感想を伝えるという形で参加する。味は同じなのに形が悪いだけで市場に流通できなかった生産物もここで売れるようになった。イチゴ農家が購入者に苗を送る提案をしたところ、「初めての体験でドキドキする」「息子が水やり担当になった」。この春、イチゴ収穫に現地に行きたい」といったコミュニケーションがなされ、「共感」から「参加」へと向かう関係人口がここでも生まれている。

今、大都市には帰省先がないという「ふるさと難民」が増えている。そして、地方の農漁村ではふるさとを守る人手も知恵も足りない。この先「ふるさと難民」の増加によって、血縁でかろうじてつながっていた都市と地方の分断はより深刻になるだろう。私たち自身の生きる力を取り戻すためにも、都市と地方のツルツルの関係をゴニョゴニョの関係に変え、都市と地方をかきまぜるのだ。

満員電車はごめんだけれど、さりとて移住もハードルが高いという都市住民でも、たまに通うというライフスタイルだったらそれほど難しくないだろう。東京生まれ東京在住の読者の中には生産者と家族ぐるみの付き合いをし、首都直下型地震が起きたときはこっちに逃げてこいと言われるような関係をつくっている人もいる。ある意味、ふるさとへのパスポートを手に入れたのだ。

ふるさとは、リスクが肥大化する都市で生きる人間のいざというときの生存基盤にもなる。そこは、海と土から離れた命の迷い子の「生」のスイッチを起動する場にもなるに違いない。

人口減少社会をたくましく生き抜くには、知性と野性が必要だ。命のふるさとに定期的に通い、土をいじり、波にゆられれば、自分の中に眠っていた野性は目を覚ます。いうなれば逆参勤交代のように、関係人口が都市と地方を賑やかに行き来するようになれば、日本は息を吹き返すだろう。

少子化をめぐる世論の背景にある「経営者目線」

小田嶋 隆

1956年東京都生まれ。コラムニスト。早稲田大学教育学部卒業後、食品メーカーに入社。1年ほどで退社後、小学校事務員見習い、ラジオ局AD、テクニカルライターなどの職を転々とする。88年、コラム集『我が心はICにあらず』で人気を博してから、多方面で批評活動を展開。主著に『地雷を踏む勇気』『小田嶋隆のコラム道』『災間の唄』など。

夜郎自大な「経営者目線」

21世紀にはいってから異常な高頻度で使われるようになった言葉のひとつに「経営者目線」というのがある。

私は、この言葉を振り回す人間を自分の交際範囲からオミットしている。

というのも、経営者目線で世界を観察している人間は、いつしか他人を道具として扱うようになると考えているからだ。

であるから私は、「個々のビジネスパースンが、それぞれに経営者の自覚と見識を持って仕事に向かえば、それだけ広い視野で自分のタスクに取り組めるはずで、そうすることがひいては実りある社会の自律を促すエナジーになるのです」式の物言いには、ほとんどまったく耳を傾けない。

ちなみに、20世紀のサラリーマンは、会社の中で直面するあれこれを、経営者の目線からとらえ直すみたいな習慣を持っていなかった。それ以前に、そもそも自分自身を「ビジネスパースン」だとかいった戦略家ライクな人間になぞらえる高飛車な自意識を共有していなかった。

仮にその種の意識の高い新入社員が入社してきたら、

「なるほど。おまえがやってる仕事はビジネスで、そのビジネスに対してパースンとして取り組むことがおまえの職業生活だってことか？」

と、昭和の先輩社員は、かわるがわるにネチネチとイビりまわしたはずだ。

われら昭和の働き手たちは、いち労働者たる自分たちが経営者の立場から発想したり発言したりすることを「視野の広さ」として評価する態度とは無縁だったということだ。

ところが、21世紀にはいってからこっち、若手の会社員は様々な研修や自己啓発書に要らぬ「グローバル」な知恵をつけられる形で「経営者目線」に代表されるマクロな観察の習慣を求められている。そして、そうした環境の変化を反映して、不断の自己改革を求められ続けているヤングビジネスパースン本人たちも、結局のところ、自分たちの目の前にあるビジネスや社会をコントロール可能な操作対象として分析しにかかる態度を身につけはじめている。

なんとうっとうしい時代になってしまったことだろうか。

ともあれ、私は、その「経営者目線」なる不遜きわまりない夜郎自大が、ド素人による統治機構改革や社会改良事業を蔓延させる近未来の到来を懸念している。

壁の中の一個のレンガに過ぎない勤労者が、城の設計を担う創造主のスタンスで発言することの害悪について、きちんとした考察をしない限り、21世紀のビジネスパースンのいたちごっこは終結しない。このことは、何度強調しても足りないと思っている。

繰り返すが、昭和の労働者は経営者目線を持たなかった。経営者が憑依したみたいな発言を繰り返す同僚社員には、組合員として鉄槌を下すのが当時の常識だった。もっと言えば、古き良き時代の奥ゆかしい日本人は、個人がマネージメント的な視野を持つことそのものを「おこがましい」態度としていましめてきたのである。

であるからして、平社員の分際にある者が、経営者の目線と心構えで自社の広告戦略について思うところを開陳したり、あるいは、自分の担当でもない部署の人事配置にあれこれ見解を申し述べることは、「うるせえ黙れ」と、アタマから叱責されたところのビジネスマナーであり、その種の場面で「小生意気」であるというふうに周囲から評価された平社員は、最終的には一生涯上がり目のない会社員生活を余儀なくされた。

で、思うのだが少子化を憂慮する世論の背景にはこの「経営者目線」がある。

というのも、少子化を憂慮する人々が問題視しているのは、少子化による消費市場の縮小と勤労者不足で、つまるところ、経団連のオヤジのご意見の引き写しだからだ。

彼らの心配は、市民意識に由来するものではない。社会の構成員としての問題意識とも無縁だ。

彼らは、ただただ、自社の製品を売り込むべき市場のシュリンクや人手不足を憂慮し、倒産を恐れている。

「どこのサルが動物園の収支を心配してるのかって話だぞ」

「っていうか、金魚鉢のサイズ以上に産卵する〝生産性の高い〟金魚が良い金魚だ式の大風呂敷で経営者をコロがしてるのがコンサルと呼ばれてる人種なわけで、自己啓発なんていうのはそういう腐れ詐欺師連中が発明した金魚鉢目線の金魚哲学そのものじゃないか」

と、昭和の正しいサラリーマンなら必ずそう言ったはずだ。

社会の中の個人にしても同じことだ。われら昭和の時代を生きた庶民は、タックスペイヤーとして発言するみたいなこまっしゃくれた振る舞い方を全力で攻撃してきた。それ以上に、一庶民に過ぎない立場の市民が人口動態のグラフをネタに文明批評をカマすことを「こざかしい」ないしは「山過ぎた」マナーとして嘲笑していた。つまり、若手に対していやなオッサンであり続けることが、昭和の秩序を維持するスタンダードでもあれば、世間の常識を堅固ならしめるポイントでもあったということだ。

「つまりアレか？　タックスペイヤーとして行政を監視する市民であるおまえは、セックスドゥーアーとして少子化問題に取り組む行動者であるわけなのだな？」

「言っとくけど『ひとりのタックスペイヤーとしてワタクシは』式の意識高い話法が『ひとりのセックスドゥーアーとしてワタクシは』ってな調子でそのまんま応用できると思ったら大間違いで、ひとりじゃセックスはできないんだからそこんところは考えないとダメだぞ」

「要するに、ひとりのセックスドゥーアーとしてワタクシは行き過ぎた避妊の弊害をみたいなそういう論点から社会を啓発しにかかるのがおまえの立場だと考えてさしつかえないわけだな？」

「まあ、オレに言わせりゃ余計なお世話以外のナニモノでもないけどな」

「そうそう。人の避妊を笑うなだよ」

「つーか、人のセックスレスを責めるなだろ」

「うるせえ勝手にヤラせろってこった」

「っていうか、要するに客入りの心配してるだけの商売人の話を政治に転嫁するんじゃねえってことじゃないか？」

「町おこしがどうしたとか地域活性化がハチの頭だとか二言目には行政にケツを持って行っては、てめえの商売の左前を過疎化のせいにしたがる田舎ＪＣオヤジ話法とどこが違うんだ」

人口動態の予測グラフは星占い？

私が子供だった時代、少子化を心配する声は日本のどの場所からも聞こえてこなかった。有識者の先生方は、むしろ人口が野放図に増加することに対して警鐘を乱打していた。新聞の論説委員やＮＨＫの解説の時間に登場する文化人の先生方も、人口爆発を心配する立場で論陣を張りめぐらしていた。学校の教室でも、中学校にあがると社会科の教師がマルサスの人口論あたりを引き合いに出しつつ、ひとしきり文明批評をカマしてみせるのが定番の展開だった。

つまり、20世紀が終わるほんのすこし前までの何十年かの間、わたくしども日本人は、もっぱら人口爆発と食料危機とエネルギーの枯渇を心配していたのであって、「人口問題」という言葉を注釈なしに持ち出した場合、その単語はそのまま狭小で資源の乏しいわが国が過剰な人口の圧力でパンクすることへの恐怖を物語っていたものなのだ。

そんなわけなので、人口減少が社会問題の枠組みの中で語られるに至った時代思潮の急変に、昭和の子供の成れの果てである私は、いまだに釈然としない思いを抱いている。

満員電車が座れるようになることのどこが悲しいんだ？　と、言ってみれば、そういうスタンスで「人口」という言葉の周辺にわだかまっている不思議な議論を眺めている、と申し上げても良い。

だから、なにかにつけて引き合いに出される人口動態予測の折れ線グラフにも、疑念を抱いている。

１９７０年代の人口予測がものの見事に外れた結果が約半世紀を経た現在の人口構成であることを考えれば、いまから半世紀後の２０７０年の日本の人口が、そのまま座標の上にプロットされたしょんべんカーブの上に着地するとも思えないからだ。

この種の予測は、60年生きてきた人間であれば誰もがある程度知っていることだが、必ずしも的中しない。

新聞が引用する未来予測のグラフは、午後のお茶の時間に知的な話題を提供しなければならない脅迫に苦しんでいる初老のマダムに向けた話のタネみたいなもので、大のおとながマジメに分析すべき対象ではない。

あんなものをマトモに受け止めてはいけないのである。

特に、時系列の横の座標が30年より先の未来に向かって伸びているタイプのグラフは、星占いや血液型占いのマトリクスぐらいな気分で扱わないといけないと、私は半ば本気でそう考えている。

言い換えれば、人口にしても経済にしても、50年先の話をするにあたって、予測が当たる前提で議論を進めてしまっている態度が、すでにして軽率だということでもある。

人口動態予測のグラフには、

「このままの状態で推移すれば」

という但し書きがついている。

これは「社会のあり方に大きな変化がなく、人々の家族観や性意識がおおむね現状のまま推移するのであれば、これこれこんなふうになりますよ」ということで、自然死する人間の数と一人あたりの女性が一生の間に子供を産む数から考えて、○年後の総人口は○○人になるという、連立一次方程式のx（エックス）のところに思い思いの数字をハメこんでみた算術問題の結果に過ぎない。

ある固定した数式を前提として、その方程式の中で変数として仮定されている部分に特定の数字を代入すれば、当然の帰結として計算結果が算出される。あまりにもあたりまえの話だ。

が、それ以上にあたりまえな話として、われわれの社会は、必ずしも方程式通りには動かないことになっている。

順序を間違えてはいけない。

計算式があって、その計算式通りに社会が運営されたり変化したりするのではない。まず社会があって、その社会の成り立ち方や変化の方向を分析する目的で、幾人かの頭の良い人たちが計算式を考案してみましたよということにすぎない。

一定の条件のもとでは成立しているかにみえる計算式も、別の条件が加われば別の解答を返してくる。当然だ。

それ以上に、前提が崩れてしまえば計算式そのものが機能しなくなる。これまた当然の話だ。

早い話、但し書きのところにある「このままの状態で推移すれば」自体が、常に変化している以上、未来については、その年数が現在から遠ざかれば遠ざかるだけ、話が怪しくなるはずなのだ。

災害があるかもしれない。

戦争が勃発するかもしれない。

そういう極端なできごとが起こらないまでも、仮に、30年後に予測通りの形で人口が減少しているのだとすると、その「人口減後の社会」という条件が、その時点での新しい前提になる。そして、その新たな前提はその後の30年の社会のありかたに微妙な変化をもたらさずにはおかない。

たとえば、何十年か先に人口が3割減ることにお国がまったく無策だったのだとして、そのことがもたらす労働力不足と市場の縮小に晒された国民経済はおそらく無事では済まないわけで、その無事で済まなかった経済規模の縮小がわれわれの社会の出生率なり死亡率の新たな条件になる。

と、これはもう予想がつかない。

私の直感――ミジンコが語るもの

少子化対策を語る文脈の中で、社会進出した女性の育児負担をサポートする施策が求められるのは当然のことだ。

しかしながら、仮にその部分の問題が解消されたのだとして、だからといって少子化傾向が改善されるのかどうかは、実は、わからない。

というのも、若い世代の男女が子供を持とうとしない理由が、結局のところはっきりしていないからだ。

もちろん、教育費の高騰だとか、保育園の不足だとかいった、いわゆる子育て支援に逆行する状況が、若い世代の生活を圧迫していることはまぎれもない事実ではある。じっさい、彼らの立場に立ってみれば、現今のような状況が続く限り、2人目まではともかく、3人目を産もうという気持ちにはなりにくいはずだ。その点はよくわかっている。

ただ、それでは、子育て支援のための諸条件を整えれば、若者たちが活発に結婚して、早めに子供を産んで、たくさん育てるようになるのかというと、その点は、やはり依然としてはっきりしない。

このことは、逆に考えて、昭和20年代のベビーブームの時代に、何が人々の多産を促していたのかが、いまだに解明できないことと同じ文脈に属する話でもある。

なんとなれば、子供の預け先にしても、若いカップルの経済状態にしても、将来への見通しの明るさにしても、昭和20年代のそれらは間違いなく最悪だったわけで、その最悪の条件の中でどうしてあんなに劇的な出生率の向上を実現できたのかについては、結局のところ誰一人として答えを持っていないからだ。

現在、子育て支援を訴える人々の多くは、

「将来が見通せない現今の状況では、若いカップルが子供を持とうと思えるはずがない」

という主旨の主張を繰り返して訴えている。

その彼らの訴えは、大筋としてもっともに見える。

実質賃金が低迷し、保育園が不足し、教育費の高騰が止まらず、正社員として雇用される労働者に求められる教育水準がどこまでも高度化している中で、子供を産み育てる決断を下すのは簡単なことではない。経済的な負担が過大であることはもちろん、失敗が許されない子育てというミッションに伴うリスクの大きさが、若いカップルを圧迫しているはずだからだ。

ただ、教育費の大きな部分が公費負担になり、保育園が整備され、母子家庭や非嫡出子に対する社会保障が拡充されれば、当然、出生率はある程度改善するとは思うのだが、それだけで少子化の流れが反転するものなのかどうかはやはりわからない。

個人的には、たぶん、無理なのではないかと思っている。

ちなみにエビデンスは無い。

個人的な直感に過ぎない。

こういう原稿の中で、個人的な直感をもとに話を進めるのは、なかなか気の引けることなのだが、乗りかかった船なので難破するまでは続けることにする。

私の直感について説明する。

ミジンコは、生息する湖沼の生存環境が良好である限りにおいて単為生殖をすることで知られている。

単為生殖というのは、雌だけで卵（単為生殖卵）を産んで世代交代を繰り返すということで、だから、普通の沼や池には雌のミジンコしかいない。

ところが、ミジンコが増え過ぎたり、エサが欠乏したり、水温が下がったり、太陽光が不足したりという、ミジンコにとっての生育環境が悪化すると、彼らは雄を産むようになり、その雄と雌との間で「耐久卵」と呼ばれる受精卵を作る。

この受精卵は、乾燥や環境の変化に強く、沼が干上がっても次に水が満ちる時まで、生き残ることができる。

なかなか素敵な話だ。

つまり、ミジンコは、自分たちの周囲の環境の良し悪しを判断して、それに合わせた産卵をしているということだ。

単為生殖と有性生殖を使い分けるというほど極端でなくても、環境によって産卵数を加減する生き物は珍しくない。

エサが多い時に子供をたくさん産むタイプの生き物もいれば、逆に、劣悪な環境の時に多産に転じるタイプの生き物もいる。

人間がどうなのかはわからない。

あるいは、あるタイプの生き物がそうであるように、人間もまた、種の存続の危機を感じさせる事態に直面すると、多産によって滅亡の可能性を回避しにかかる本能を内在させているのかもしれない。もしそうなのだとすると、たとえば50年後に、災害か戦争かあるいは少子化による経済規模の縮小によって国が荒れ果てて、国民の生活条件が劣悪な水準に転落したのだとすると、どこかのポイントでその劣悪な生活がかえって出生率逆転のタイミングを招くかもしれない。

もちろん、この私の仮説はエビデンスがあって言っていることではないし、根拠はゼロに等しい。

とはいえ、「このままの状態で出生率の低下が推移すると、○○年後に日本は消滅する」といったタイプの未来予測を提供している人たちのお話だって、私がいま思いつきで並べた理屈と同程度には根拠の怪しい話ではあるのだ。

安易な物語としての「家」

未来予測を含んだ言説に対峙する際に重視せねばならないのは、その予測が当たるかどうかではない。その未来予測図をわれわれの目の前に持ち出して来ている人物がいったいどんな狙いを持っているのかだ。

であるから、冒頭でも述べたように、私は、人口減少社会の到来を動かしがたい所与の条件としているタイプの議論には、うっかり乗っからないようにしている。というのも、その種の立論は、ハルマゲドンの到来を前提としたドグマに似て、人々をいたずらに混乱させるからだ。

少子化問題をめぐる議論は、人々を混乱させる。

私が鮮明に記憶しているのは、2007年の1月に、柳澤伯夫という政治家が、与野党の政治家やマスコミから袋叩きに遭った、れいの発言だ。

柳澤氏は、島根県松江市で開かれた自民党県議の集会で『これからの年金・福祉・医療の展望について』を議題に講演した際、少子化対策について、

「産む機械っつちゃなんだけども、装置がですね、もう数が決まっちゃったと、機械の数、機械っつちゃ……けども、そういう時代が来たということになると、あとは一つの、まあ、機械って言ってごめんなさいね。その、その産む、産む役目の人が、一人頭で頑張ってもらうしかないんですよ、そりゃ」

と女性を機械に例えた発言をしたのだが、この発言が「産む機械発言」として報じられると、柳澤氏へのバッシングは、ほとんど制御不能になる。

この発言について、日経ウーマンオンラインのホームページは、

「結局、柳澤大臣は辞任しないまま、2007年8月に発足した安倍改造内閣まで厚生労働大臣を務めることになるのですが、この発言は、妊娠・出産に対して敬意や尊重の感覚を持たず、単なる『人間調達の手段』と考えている男性や社会の認識の低さや感覚を露骨に示したものとして語り継がれることとなったのです」

という言葉で振り返っている。

私の個人的な感覚では、柳澤氏の言葉は、なにより無神経だった。また、自分ではしゃれたたとえ話のつもりで持ち出した話でありながら、話としてたいしてわかりやすくもなかった。ただ差別であるとか女性蔑視といった言い方で大臣職の辞任を求められるほどの発言であったとは思っていない。

要は生産機械の台数と、その機械一台当たりの生産量で決まるという工場の生産現場をたとえに持ち出しただけの話だ。

そのたとえ話の中で、大臣は一台あたりの生産量を増やすにはどうしたら良いのかという議論をすすめた。

この発想での発言が問題になるのだとすると、出産や妊娠を含む議論を、工場における生産調整の考え方で考えることそのものが不可能になる。

つまり、出生率に関する話をテクニカルに語ることが、政治家にとって「地雷」になっているということだ。

普通に考えれば、機械の台数が限られている以上、機械一台あたりの生産量を増やすしかないという問題の立て方は、極めてロジカルでもあれば、根源的でもある。比喩表現として不適切な部分を含んでいるのだとしても、考え方そのものが性差別的であるわけではない。

ところが、現代日本の社会には、女性の出生率を真正面から問題化することを忌避する空気が蔓延している。

この間の事情はなかなか複雑だ。

人口問題を統計上の数値として扱う上で、将来の人口を労働力ないしは消費主体として想定する議論はすべて、女性を「産むマシン」として算入する前提ですすめられている。

ところが、人口問題とは別の部分の社会的な前提が、女性を「産むマシン」として扱うことを断じて許さない。女性は一個の人格を備えた自由な人間であり、産む産まないを他人に強要されるべき存在ではない。とすれば、その女性をひとつの統計上の集合として扱うのみならず、その出生数を数値として積算したり変数として方程式に代入することは、女性という性を人口動態を左右するひとつの変数として見なす差別的な態度だと。

てなわけで、人口問題は、いつしか、男性と女性という自明の理屈から離れて「家」という擬制の中に取り込まれる。

女性という、生身のデータを計算式に取り込むことをはばかって、「家」という物語コミで扱おうとするわけだ。

結局、21世紀の日本人は、女性ひとりあたりの出生数といったようなあからさまな話題に手を突っ込むことを恐れている。出産可能な若いカップルの初婚年齢の上昇傾向や、生涯独身を選ぶ男女の増加といった話題も、もしかしたらポリティカリーにコレクトじゃないかもしれないと思って、なかなか口に出しにくくなっていたりする。

で、安易な物語として、「家」が持ち出される。例によって日本会議あたりが、サザエさん一家の三世帯同居こそが日本の家族の伝統であり理想であり希望であるとかいったおよそ箸にも棒にもかからないデキの悪いプロットを持ち出しているわけなのだが、意外や意外このバカ話が思いのほか多くの人々の心情をとらえている。

おそらく、日本の人口減少の傾向は、この先30年か50年は続くはずだ。

しかし、それより先のことはわからない。

少子化が避けられない前提であるのだとしても、その少子化の結果、われわれの社会がどんなふうに変化するのかについては、いまのところ誰も答えをもっていない。

大切なのは、時代を前に戻さないことだ。

出産に至る男女の設定を正常化するために戦前の民法が想定していたカタチの「家」を「取り戻す」みたいな妄念に取り憑かれることだけは、なんとしても拒絶しなければならない。

というのも、「国家」なり「労働人口」なり「消費市場」なりといった、「マクロ」の「経営者目線」から導き出される、人口増のためのシナリオは、養鶏場に似た未来を呼び寄せずにはおかないからだ。

柳澤大臣の発言が、巨大な反発を喚起したのは、彼の発言そのものに問題があったからというよりは、大臣の口吻から、戦前の「産めよ殖やせよ」という殖産興業ならびに富国強兵の国家主義の亡霊を思い出した日本人が思いのほか多かったからこそ、あれほどまでに嫌悪されたのではないだろうか。してみると、われわれの直感は、案外鋭いところを突いているのかもしれない。

国民を天皇の赤子と呼び、すべての構成員を一兵卒として数え上げようとしたあの呪われた大日本帝国の体制は、それほどまでに深くわれわれの記憶の中に刻み込まれている。

経営者が人手不足に苦しんでいるからといって、あんな時代の社会を再びよみがえらせてはならない。

結論を述べる。

人口問題にロジカルに向き合うためには、人間を「産むマシン」と考える前提が不可欠ではあるが、その一方で、人間を「産むマシン」と考えるところから出発した立論は、かなり高い確率で、人間を「働くマシン」ないしは「消費するマシン」として配置しにかかる経営者目線の思想に結実せずにはおかない。

ということはつまり、答えははっきりしている。

人口減少問題への答えは、「経営者目線」の人間の思想の中には存在しない。

答えは、われわれ一人ひとりが、自分たち自身の人生を自分なりに生きていく暮らしの中にあらかじめ含まれている。

「家」という物語に回収されてはならない。

ましてや、「労働人口」や「マーケット」という経営者マインドの物語に踊らされてはならない。われわれは養鶏場のニワトリではないのだから。

「斜陽の日本」の賢い安全保障のビジョン

姜尚中

1950年熊本県生まれ。政治学者。東京大学名誉教授。熊本県立劇場理事長兼館長。早稲田大学大学院政治学研究科博士課程修了。東京大学大学院情報学環・学際情報学府教授などを経て、現職。著書に『マックス・ウェーバーと近代』『オリエンタリズムの彼方へ』『ナショナリズム』『増補版　日朝関係の克服』『在日』『愛国の作法』『悩む力』『悪の力』などがある。

一・「熱い近代」の終わり

新聞や出版関係の集まりで、業界の将来性についてよく質問を受けることがある。私の答えは決まっている。「太宰治」である。そのココロは、「斜陽」。関係者からは自嘲的な笑い声が聞こえ、やがて気まずそうな空気が広がっていくのがわかる。

「斜陽」……西に傾いた太陽、夕日。それから敷衍《ふえん》して栄えた者が衰えること、あるいは落ちぶれること。辞典で言えばこんなところか。確かに「斜陽族」から「斜陽産業」まで、斜陽には落ちこぼれ、脱落していくという衰退のイメージが漂っている。

少子高齢化や人口減少、過疎化や「新しい貧困」、格差の拡大や固定化など、何かにつけて日本の現状には、最盛期を過ぎた「斜陽」のイメージがつきまとい、未来への不安と悲観的な予測が伴いがちだ。その最大の根拠になっているのが、人口減少である。

２０１５年現在の国勢調査によれば、日本の総人口は1億２７０９万人。前回の調査（２０１０年）からほぼ１００万人の減である。これは、国勢調査の始まった１９２０年以来の減少であり、この傾向は地方で顕著なだけでなく、大阪府のような大都市圏でも、10年の調査から2万数千人の減で戦後初めての減少になっている。さすがに東京都は増加しているとはいえ、それでも増加率は前回の10年の調査の4・63％から2・70％

に鈍化しているのである。

ざっと国勢調査の数字を拾っただけでも、地方だけでなく、大都市圏でも縮んでいく日本というイメージが浮かぶ。

だが、果たしてこれは日本だけの現象であり、特別に日本だけが人口の著しい減少と高齢化の圧力にさらされ、衰退しつつあるのだろうか。

ここで立ち止まって考えてみなければならない。「斜陽」は日本だけの現象なのか、それは否定的な現象であり、衰退、消滅を意味するのか。そもそも「斜陽」とはいったい何を意味しているのだろうか。

ここで大きく俯瞰して見れば、私たちは今、大文字の「近代」（Modernity）の斜陽という文明史的な変動のプロセスの中にあると言える。

福沢諭吉の『文明論之概略』のネタが19世紀半ばに活躍した英国のヘンリー・バックルの『英国文明史』やフランスのフランソワ・ギゾーの『ヨーロッパ文明史』であったことからもわかるように、「明治維新150年」、日本の近代の歩みは、近代ヨーロッパの「熱い時代」から圧倒的なインスピレーションを得てきた。

「熱い近代」とは、化石燃料をエネルギー源に労働力と科学技術の向上をテコに生産力を高め、国富と国力の増大を図る無限進歩に取り憑かれた時代を指している。もちろん、同時にそれは、明治の日本で言えば、「万機公論に決すべし」の「五箇条の御誓文」にあるように、立憲主義と議会制による民主主義の確立の時代でもあった。

こうした「熱い近代」のあり方を、福沢は巧みにも「一身独立して一国独立す」と簡潔に表現した。

個人が自らを陶冶しながら公共の空間を通じて国政に主体的に参画する。そして国家がそうした一人一人の個人の内面を通じて担われる。こうした国家こそ、国富と国力の点で最も強い国家というわけである。

福沢の理想とその後の現実がどうであれ、明治維新150年、日本はそうした「熱い近代」の、非欧米地域における最大のトップランナーであったと言える。

しかし、その中身を見るならば、「熱い近代」とは、「追いつき追い越せ型」の、先行者を絶えず乗り越えていく強迫症的なエネルギーに駆られた近代化にほかならない。

しかも、それは、実際には家父長制支配と資本主義的な合理化、そしてナショナリズムが結びついた、「男性中心」のジェンダーバイアスが著しい時代を指していたのである。

そうした強迫症的なエネルギーが、どれほど内面性の病理をもたらすかを、国民的作家・夏目漱石は、名作『それから』の中で主人公の代助をして「牛と競争をする蛙と同じ事で、もう君、腹が裂けるよ」と言わしめている。

「腹が裂ける」。明治維新150年の半ば、日本はまさしく「敗戦」という腹が裂ける、壊滅的な破綻を経験した。

しかし、それからほぼ70年近く、戦後の日本は高度成長という「熱い近代」の再現を通じて、国富と国力で「ジャパン・アズ・ナンバーワン」と呼ばれるほど、世界の垂涎の的に返り咲いたのである。

「富国強兵」ではなく「富国弱兵」であるにしても、日本は二度の「熱い近代」の波乗りに成功したと言える。

ただ、そうした「熱い近代」を焚きつけていたのは、人口の増大が国力の土台であり、人口は幾何級数的に増大し、それに対して生活資料は算術級数的にしか増大しないという、マルサス主義的な圧力である。

それは、戦前は、欧米列強に倣った帝国主義的な植民地争奪戦への参入となり、戦後は、海外への集中豪雨的な過剰輸出による貿易立国への発展となった。

戦前も戦後も、人口は増大するという仮定のもと、ひたすら生産力の増強に励んできた歴史であったと言える。

幕末期の日本の人口がほぼ3000万人ほど、明治初期が3500万人くらいだから、明治維新から150年、日本の人口は、先の大戦による落ち込みがあったにしても、3倍以上に膨れ上がっているのである。

イギリスやフランスが、同じ期間でほぼ1・5倍ほどの増大であることを考えると、日本の人口増加がいかに著しいかがわかる。また日本と同じような近代化の過程を辿り、戦争の体験も経たドイツでも、イギリスやフランスよりも伸び率が著しいとはいえ、日本ほどの増加率は示してはいない。

アメリカ合衆国は移民国家として単純に日本と比較にはならないが、日本の増加率を桁外れに上回っているのは、韓国である。しかし、韓国の場合、「圧縮近代」と言われるように、「熱い近代」を短期間に偏頗《へんぱ》な形でくぐり抜けてきた経緯もあり、出生率は日本以上に低く、少子高齢化のスピードはハイペースである。

何れにしても、明治維新150年、世界的に見ても、アメリカを除いて主要な先進諸国が人口減少の傾向に移り変わりつつある。

1980年を1とした場合の人口増加率の予測で言えば、2050年に日本は0・9以下になり、ドイツですら、1を切ることになるはずだ。韓国の場合、日本以下の増加率になることは確実である。

明らかに「熱い近代」を支えていた人口動態が根本的に変化しつつあり、おそらくそのトレンドは不可逆的に進んでいくに違いない。この意味で「斜陽」は日本だけの現象ではなく、むしろ文明史的な現象となっているのである。

にもかかわらず、斜陽化を嘆くのは、あくまでも「熱い近代」をスタンダードにし、そこからの逸脱としてしか「斜陽」を捉えきれていないからではないか。

日本のような先進諸国では、識字率の向上と女性の高学歴化、社会参加とともに、晩婚化や無姻化が進み、もはやそれは不可逆的な傾向となっている。日本の場合、出生率は2015年現在で1・46で、主要欧州諸国と較べても低く、これを下回っているのは、韓国の1・24くらいである。

このように「熱い近代」を根底から支えている人口動態的なトレンドそのものが大きく変化し、それが文明史的な変動とリンクしていることがわかる。

この点を科学史家の山本義隆は、「科学技術総力戦体制の破綻」「成長幻想の終焉」と指摘し（山本義隆『近代日本一五〇年』）、持続可能な発展・開発を可能にする文明への転換を説いている。

こうした認識は、「明治維新150年」セレモニーと翼賛的な動きを見る限り、必ずしもメジャーになっているとは言いがたい。それでも、地方創生の新たなパラダイムを求める試みや自然再生エネルギーの開発、小規模生産・流通・消費ネットワークの形成など、様々な取り組みが簇生《そうせい》しつつある。

ただ、それでも、そうした文明史的な転換を背景とする、日本の安全保障のビジョンとなると、かなり手薄であることは否めない。

ここでは、「熱い近代」の終わりと文明史的な変化を背景に、日本の安全保障のビジョンについて語ってみることにしたい。

二. 力による安全保障の限界

少子高齢化や低成長、あるいは「定常化社会」の到来が喧《かまびす》しく議論されながらも、そのほとんどが日本国内の地域や社会の問題、つまりドメスティックな問題に絞り込まれ、その対外的な側面に目が向けられないのはどうしてか。

本来なら、そうした人口動態と文明史的な変化を背景に、国の安全保障のあり方そのものを再考察する機運が盛り上がってもいいはずなのに、そうした兆しは萎んだままだ。その理由は、日本列島が直面する安全保障上のリスクが極めて差し迫った脅威として共有されているからである。

J・F・ケネディ米大統領が、偶発的な核戦争の危機を、ギリシア神話の「ダモクレスの剣」に例えたエピソードに倣えば、日本列島は毛髪一本で抜き身の剣をつるしたような、一触即発の危機の中にあるという脅威感が、中長期的な安全保障の選択肢を考える余地を奪っているとも言える。

言うまでもなく、日本列島の頭上に吊るされた抜き身の剣とは、北朝鮮の核の脅威であり、またさらには海洋進出著しい中国の軍事的脅威である。

日本列島を囲繞《いにょう》する国際的な環境は、幕末から明治にかけての、帝国主義的な「腕力」がモノをいう弱肉強食の世界と同じように、「ならず者国家」あるいは独裁国家が実力にモノを言わせて日本の安全そのものを脅かす無法地帯としてイメージされているのである。

このような脅威感や危機意識は、冷戦終結時の、平和の配当が等しく均霑《きんてん》され、「歴史の終わり」が訪れるという多幸症的なオプティミズムとは著しい対照をなしている。

力による脅威には力によって対抗しなければならない。そのためには、地政学的な戦略に基づく同盟関係（日米同盟）の強化と最新の兵力、装備を整え、「最小限の防衛力」という抑制的な安全保障の概念を一掃し、ハード、ソフトの両面にわたってこれまでの「タブー」を打ち破り、より積極的な軍事力の充実と機動的な運用が必要である。こうした地政学的なリアリズムに基づく軍事優先の安全保障の考えが台頭しているのである。

こうした力による平和と軍事力への過信、さらに地政学的な戦略などは、ある意味で「熱い近代」そのものの再来と言えないことはない。

大陸系の地政学の代表であるドイツのハウスホーファーから、英米系のマハンやマッキンダー、スパイクマンに至るまで、国際関係を地理的要因、国力的要因、軍事的要因で説明しようとする戦略的思考は、その限界が指摘されながらも、グローバル化が進む世界の中で、隔世遺伝のように新たに息を吹き返しつつある。

だが、国の安全保障の概念そのものが、すでに「熱い近代」から決別し、大きく変容しつつあり、その流れに沿えば、地政学的な軍事力に偏重した国家主導の安全保障の考え方そのものが時代遅れになりつつある。

そのような考えは、人口を兵力の源泉とみなし、国土の保全を主権的優先事項に考える「熱い近代」の国家中心の安全保障観にほかならないからである。

むしろ、現在では安全保障は、国家中心から人間中心の「人間の安全保障」という考えへと移りつつある。この包括的な安全保障の考えをスローガン風に言えば、「領土偏重の安全保障から、人間を重視した安全保障へ」「軍備による安全保障から、『持続可能な人間開発』による安全保障へ」ということになるはずだ。

もちろん、国家中心の伝統的な安全保障観と人間中心の非伝統的な安全保障観は、絶対的に対立する概念ではなく、場合によっては相互に補完的な関係に立つことも可能である。

しかしながら、具体的にはアメリカによるイラク戦争に見られるように、テロによる大量殺戮に刺激された超大国による先制攻撃は、取り返しのつかない民間人の犠牲を伴い、「大義なき戦争」として指弾された。

それは、明らかに人間の安全保障を踏みにじる国家中心の安全保障が、超大国といえども多大な惨禍をもたらしかねないことを意味している。その結果、超大国アメリカの威信の低下と覇権の翳りをもたらすことになったのである。

ジョージ・W・ブッシュ米政権の「ネオコン」（新保守主義）のイデオローグであったロバート・ケーガンは、イラク戦争勃発の前年、『ポリシー・レビュー』誌に発表した論文「力と弱さ」の中で、永久平和を唱える「ヨーロッパのカント的な新秩序」は、実際には「古いホッブス的な秩序の法則に沿って行使されるアメリカのパワーの傘のもとでのみ、存立可能である」と述べ、力（パワー）による安全保障の正当性を次のように述べている。

「ヨーロッパは、『道徳的な意識』にもとづいたルールを未だに受け入れない世界から、物理的にも精神的にも蹂躙されないように自らの楽園を守ろうとする意志も能力も持っていない。それゆえに、権力政治を今も信奉している世界中の諸勢力を抑止し打破するべく軍事力を行使しようとする意思をもつアメリカに依存してきたのである」

ヨーロッパを日本に、権力政治を信奉し、「道徳的な意識」によるルールに従わない国家を北朝鮮や中国に、そして楽園を戦後平和主義に当てはめれば、ケーガンの説教じみた断言は、現在の日本の安全保障観にほとんどそっくり当てはまるのではないか。

だが、軍事力に偏重したアメリカのパワーが、アメリカだけでなく、国際秩序の安定や安全保障に貢献していると言えるだろうか。

むしろ逆に超大国の「道徳的な意識」にもとづいたルールや尊厳、その威信はトランプ米政権になってますます低下する一方であり、それが世界の多極化、あるいは無極化という混沌とした国際関係に拍車を掛けていると言えないか。

にもかかわらず、軍事力に偏重したパワーによる安全保障の考えに取り憑かれ、一周遅れで「力による平和」に回帰しつつあるのが、現在の安倍政権の安全保障観ではないか。

もとより、北朝鮮の人権弾圧と「異常な体制」、さらに核実験やミサイル開発は、「道徳的な意識」に基づくルールに悖《もと》り、到底容認できるものではない。

しかし、ある意味でパワーへの盲信は、超大国による軍事偏重のパワー・ポリティックスのミニチュアと言えなくもない。敵対するもの同士は、パワーによる安全保障観に凝り固まりやすいのである。

「一帯一路」による広域的な勢力圏の確立に向かいつつある中国に対しても、「道徳的な意識」によるルールに従わない、より強力なパワーゆえにより脅威となる国家というラベルが貼られるかもしれない。

しかし、リアリズムの国際政治学の泰斗、H・モーゲンソーの指摘はそうした対外認識の盲点をついている。

「互いに恐怖に陥り、この恐怖をやわらげようとして軍備競争に引き込まれると、どちらの側も、最初に仮定した相手の帝国主義を現実の経験的なふるまいにかけることができなくなる。もともと現実への神話的な認識にすぎなかったものが、いまや自己充足的予言になってしまう」（モーゲンソー『国際政治』）

現在の日中関係は、こうした相互恐怖の罠に陥り、日本に伝統的な、軍事力に偏重した安全保障観の拡大をもたらしつつあると言えないか。

こうした軍事力に偏った伝統的な安全保障観への回帰の根底にあるのは、北朝鮮や中国の脅威とともに、日本国内の不安感の深まりと、個人に代わる象徴的な代替物としての国家への情動的な愛着の強さではないか。その集団的な感情の強さは、再びモーゲンソーの言葉を借りれば、力をめぐる競争が、「善悪間の闘争というイデオロギーの次元」に横滑りし、人間の安全保障という、より広い視野が閉ざされてしまいかねないのである。

社会の安定性と安全感の喪失の根底にある不安感が、国家への自己同一化へのモメンタムになっているとすれば、それはどこに由来しているのだろうか。

それは、先にも述べたように、明治維新150年、そして戦後70年、日本の近代が追い求めてきた「成長イデオロギー」が現実によって覆され、もはや「熱い近代」が終わっているにもかかわらず、それに代わりうる理想や目標が見出せないことにあるのではないか。

斜陽をただ停滞や衰退としてしか捉えられず、再び、「熱い近代」よ、もう一度という、過去志向的な安全保障観に日本の未来を託すことができるだろうか。

三、賢い安全保障のビジョン

それでは、「熱い近代」が終わり、斜陽が避けられない時代の安全保障とはどんなものであるべきだろうか。そのビジョンの輪郭を、東アジアの未来を見据えつつ、その一端なりとも示してみたい。

言うまでもなく、安全保障は、テロや自然災害など、国内的なシビア・アクシデントを除けば、対外的な脅威と関連している。人間の安全保障とは、敵対的な国家の市民や住民をも視野に入れた人間的な「開発」の可能性を出来るだけ尊重しようとする考えに基づいている。

ただ、東アジアの場合、領土問題や主権の保全、さらには歴史問題や体制間の軋轢が絡み、国家的な脅威感が増幅されがちだ。それに振幅の激しい世論が絡み、脅威感は現実以上に過大に評価される傾向にある。

しかし、シンプルに考えれば、脅威とは、能力と意思との掛け算にほかならない。アメリカに匹敵する核大国ロシアは、その核の力だけ見れば、日本にとって脅威である。しかし、その意思の面から見れば、日本には差し迫った脅威とはみなされていないはずだ。中国も然りである。少なくとも、核の脅威という点では、中国がすぐさま脅威であるとみなされているわけではない。

では北朝鮮はどうか。日本にとって現在のところ最も差し迫った、喫緊の脅威とみなされていることは言うまでもない。

苛斂誅求《かれんちゆうきゆう》の専制的な支配や王朝国家的な独裁、残忍な粛清や拉致・テロに手を染めている「ならず者国家」というイメージが、「何をしでかすかわからない」という不安感と相乗し、脅威感は高まるばかりである。

確かに、北朝鮮は事実上、核保有を宣言し、核弾頭を中距離弾道ミサイルで日本列島に飛ばせる能力を持っている。しかも、その意図については国交すらないのであるから、事実上ブラックボックスとなっており、それが脅威感を増幅させている。

だが、明確なのは、北朝鮮が日本に対して核を使用すれば、米国による報復的な核攻撃にあい、壊滅的な破壊を被ることになることである。

「道徳的な意識」に基づくルールを逸脱した無謀な行動にも、自己保存という点では、一定の合理性が見出せるのであり、独裁者は残忍ではあっても、クレージーで何をしでかすかわからないわけではない。

体制の維持と自己保存という点で、北朝鮮はパワーゲームのプレーヤーでもあることは間違いない。その場合、北朝鮮の核とミサイルが最大の脅威の的になっている以上、それを放棄させることが日本の外交の目標にならざるをえない。

ただ、問題は、そのためにミサイル防衛システムを整備し、場合によっては敵基地攻撃能力を備え、さらに経済的な封鎖や圧力を加えることだけが、脅威を除去する最良の選択なのかどうかということである。このような方法が伝統的な安全保障観に基づく「力による平和」から発していることは言うまでもない。

しかし、こうした「ゼロ・サム・ゲーム」的な「力による平和」には、「熱い近代」の、軍事偏重的なパワー・ポリティックスだけが突出している。そこには、柔軟で、多様な選択肢に開かれた総合的な外交の姿が見えないのである。さらにそこには、外交のビジョンが見えてこないのだ。

また再び、モーゲンソーの言葉を借りれば、外交は、国民の士気が国力の精神的な部分を形作るように、国力の頭脳を形作っているのである。そして彼はいう、外交のビジョンがぼやけていれば、軍備とか、人口の規模や質といった利点も、結局、国家にとってほとんど意味がなくなると。

核を保有し、ミサイル実験に一定の成功を収めた北朝鮮に、圧力だけをかけ続ける場合、北朝鮮側がそれを核放棄だけを迫る手段とはみなさず、むしろ体制そのものの転覆（レジームチェンジ）を意図した脅威とみなす可能性は十分想定されうることだ。

そうなった場合、最悪、核戦争の悪夢すら杞憂ではなくなることは、世界的にも定評のある「北朝鮮ウォッチャー」であるジョンズ・ホプキンズ大学のウェブサイト「38North」のシミュレーションを見ただけでも明らかだ。

北朝鮮の脅威をミニマムに縮減し、最終的に核とミサイルの脅威そのものを除去するためには、その能力だけでなく、それを使用する意思がない状態を作り出し、しかる後に核やミサイルの放棄へと至る段階的なアプローチと外交的な構想力、戦略が必要である。

北朝鮮への対応は、日本が「熱い近代」へと回帰する軍事力偏重の伝統的な安全保障大国へと向かうのか、それとも質の高い国際的な構想力を備えた中規模国家としての「外交大国」になるのか、その大きな試金石でもある。

もし日本が後者の道を選び、北朝鮮危機の平和的な解決に多大の貢献をすることになれば、南北関係の改善とともに、日本、アメリカ、南北、中国、ロシアを含めた多国間協調の平和主義への枠組みづくりに大きな役割を果たすことになるはずである。

確かに、米朝間の確執は根深く、また北朝鮮への不信感は根強い。しかし、事実上棚ざらしになっているとはいえ、２００５年の第４回六者会合に関する共同声明には、

「六者は、北東アジア地域における安全保障面の協力を促進するための方策について探求していくことに合意した」と謳われているのである。

この方策を率先して探求していくことこそ、「熱い近代」を終え、斜陽へと向かいつつある成熟した日本にふさわしい「外交大国」の道ではないだろうか。それこそが、日本が提示できるビジョンであり、理想ではないか。

ただ、現状維持（status quo）にしがみつき、ワシントンの出先機関のような役割に甘んじるだけでは、「国力の精神的な部分」である「国民の士気」が昂揚するとは思えない。

「歴史においてはしばしば、頭脳（外交）あるいは精神（国民の士気）のないゴリアテは、頭脳と精神の両方を兼ね備えていたダヴィデによって打ち殺された」。このモーゲンソーの警句を今一度嚙みしめておくべきである。

四．結びにかえて

斜陽の時代の日本の安全保障を考える時、いつも念頭にあったのはドイツのことである。東西で同じような軌跡を描きながら、「熱い近代」をくぐり抜け、大戦で傷ついた二つの国は、今、対照的な位置にいるように思えてならない。

確かにヨーロッパ連合（ＥＵ）は、財政危機や英国の離脱表明、難民問題などで揺れ動いている。その統合のカナメであるドイツも、国内的には決して安定しているとは言いがたい。

しかし、同じように少子高齢化の波に洗われ、確実にひと頃のピークを過ぎて斜陽へと向かいつつあるとはいえ、ドイツでは、保守派も含めて、少なくともメインストリームの中に「熱い近代」よ、もう一度、という声は大きくなっているわけではない。しかも、ドイツを取り巻く近隣諸国との間に、日韓、日中の間のような緊張が走っているわけでもない。

さらにドイツはアメリカの出先機関的な役割を演じているわけではなく、むしろトランプ大統領のアメリカには是々非々の立場を堅持しているほどだ。イランの核開発放棄の交渉では国連安保理常任理事国と一緒に重要なパートナーの役割を果たし、またウクライナ危機ではプーチンのロシアとも米ロ関係を取り持つブローカーの役回りを果たしているのである。

また軌道修正したとはいえ、難民問題では人間の安全保障の点から、最大限の配慮を惜しまなかったのも、メルケル首相率いる保守連合のドイツである。

もちろん、ドイツを取り巻く国際関係とその歴史とは、日本とは違うという、月並みな言い訳（クリシエ）が返ってくるに違いない。

しかし、それにもかかわらず、ドイツが比較的、「熱い近代」からなだらかな斜陽へと舵をきることができたのは、対外的に見れば、その構想力に裏付けられた外交力の賜物である。それは、明らかに一国の国民の「士気」に根ざす「頭脳」の賜物でもある。

それを実感したのは、個人的に言えば、戦後50年を記念する日独フォーラムに出席し、旧西ドイツで「東方政策」（Ostpolitik）を外務大臣として担い、ミハイル・ゴルバチョフとともに「東欧革命」の先鞭をつけたハンス・ディートリッヒ・ゲンシャー氏の言動にふれ、深い感銘を覚えたからである。彼の言動には、保守政治の最良のものが満ち溢れ、同時に、歴史によって培われた、「あらゆる力は相対的なものである」という信念が息づいていたからである。そこに私は、構想力のある外交力の片鱗を見る思いだった。ないものねだりではなく、日本には斜陽にふさわしい賢明な「外交大国」の余地があるはずだ。理想とビジョンを忘れた「現状維持」の外交は、国民の「士気」を低下させ、「頭脳」としての外交の質の劣化をもたらすだけである。

この論稿の執筆中、世界を驚かす劇的な南北首脳会談と米北首脳会談の開催が発表され、北朝鮮の核危機打開への期待が膨らみつつある。

もちろん、これも、制裁によって窮地に追い込まれた北朝鮮のマヌーバー（策略）であり、その巧みな平和攻勢に騙されてはならないという警戒論も根強い。特に、日本の場合、圧力一辺倒の、力による解決に傾斜していただけに、北朝鮮の最高実力者との首脳会談に応じるとしたトランプ米政権の対応には、当惑とともに、最大の後ろ盾からハシゴを外されるのではないかという疑念が強まっているに違いない。

頭をよぎるのは、日本の頭越しに電撃的に挙行された米中接近の苦い経験である。冷戦たけなわでありながらも、ベトナム戦争が泥沼化し、超大国・アメリカの力に陰りが見え、国内にはカウンターカルチャーのうねりが大きくなろうとしていた頃、日本は60年代の「熱い近代」の余韻の中にあった。

当時は、日本的経営や「メイド・イン・ジャパン」が世界の脚光を浴び、日本の人口は1億人を超える勢いを見せていた。それは、軍事的にはいわば「準禁治産者」に甘んじつつ、国内の資源を経済成長に注ぎ、アメリカの圧倒的な軍事的安全保障の傘の下に「パックス・ジャポニカ」を謳歌できた時代である。

しかし、そうした「熱い近代」の只中にあった日本が、国際舞台で軍事のみならず、外交的にも、「禁治産者」のような地位にあることを知らしめられたのが、米中接近というショッキングな歴史的展開だった。

それから、半世紀近く、米中接近と同じような衝撃が再現されようとしているのである。

この間、冷戦は終結、「熱い近代」を駆動してきたイデオロギー対立も幕引きとなり、「歴史の終わり」すら囁かれるグローバル化の時代となった。それは、物理的な力をアウトソーシング（日米安保）することで「熱い近代」の覇者に躍り出た日本の永続的な繁栄の時代の到来を意味しているように思えたに違いない。「日本永続繁栄論」すら、決して幻想ではないと思えたのである。

しかし、冷戦の終結とともに、「熱い近代」の中に封印されていた様々な差異が吹き出し、国家主導の科学技術総動員型社会の限界が露わになってきた。

人口の逓減と高齢化、労働力人口の減少と過疎化が進む中、ジェンダーをめぐる葛藤や女性の社会進出、性や民族、宗教などのアイデンティティをめぐる少数者の権利など、疑似家父長制的な家族制度とその伝統的な継承の上に成り立ってきた過剰同調的な社会秩序が揺らぐようになったのである。

もはや、戦後の、そして明治維新以来の、人口増大と潤沢な労働力、男女の性別役割と疑似家父長制、国家主導の科学技術総動員体制と均質的な国民教育制度を土台とする国力増進型社会は確実に終焉を迎えつつある。それは、米国のような特殊な移民型社会を除けば、西欧の成熟社会にも共通した傾向である。

日本の場合、19世紀後半からの「熱い近代」から「開国」を経験し、ニューカマーでありながら、短期間で「熱い近代」の「既製品」を日本型に作り変えることに成功したがゆえに、逆に、その成功が方向転換への可能性を摘み取ってしまったとも言える。

70年前の「敗戦体験」、さらに7年前の「原発事故」の体験は、「熱い近代」の追いつき追い越せ型近代から、「クールな」近代の、低成長＝定常化社会へと移行していく決定的なモメンタムになりえたはずである。それは、安全保障の面で、軍事偏重の地政学的戦略思考から人間の安全保障に重点を置いた外交戦略重視の平和主義への転換を意味している。

北朝鮮危機をめぐる問題で言えば、それは、「最大限の圧力」（maximum pressure）

から「最大限の賢慮（慎重さ）」(maximum prudence) への転換を意味している。

地政学的なリアリズムからしても、アメリカや中国、ロシアのような大陸型の大国ではない日本は、その南北に長い島国の地理的条件からして、外部からの武力攻撃には極めて脆弱な地勢に置かれている。この意味で日本は、対外的な「脆弱性」(vulnerability) が極めて高い社会である。

しかも、巨大地震などの自然災害が頻発する地勢のもとにある以上、日本は、対内的にも「脆弱性」が周辺諸国と比べても著しく高い社会である。

明治維新から阪神淡路大震災にいたるほぼ130年の歴史で、関東大震災を除けば、巨大地震や津波などのシビア・アクシデントに見舞われずに済んだ。しかし、それはむしろ、偶然の賜物であり、明らかに日本列島は活動期にあり、いつどこで自然災害に見舞われても不思議ではない。

自然災害によって被災地があたかも局地的な戦場と同じような悲惨を被ることは、東日本大震災の惨状を見れば明らかである。それに、原発事故の甚大なハザードが加われば、日本の国土の再生すら覚束ないはずだ。

こうして、内外の「脆弱性」に晒され、稀にみるほどの勢いで少子高齢化に突き進みつつある社会で、地政学的・軍事的な大国化へと向かうことは、大げさに言えば、自殺行為にも等しい暴挙とも言える。

むしろ、日本はコンパクトでスマートな中規模国家として、南北融和、米朝正常化の現実を見据え、東アジアのパワーバランスの大きな変化にふさわしい地域的平和秩序の形成に向け、その外交的資源を投下すべきではないか。

「縮む」イメージで語られがちな日本の未来は、決してグルーミーなわけではない。少なくとも、「熱い近代」の呪縛から解き放たれ、そのソフトパワーを外交戦略重視の平和主義へと転換し、低成長＝定常化を受け入れ、減災に優れた地域分散型の国土をネットワーク的に結びつけ、優れた文化的付加価値を多品種少量生産のシステムとリンクさせるサイクルを築ければ、日本はなだらかに斜陽を謳歌する成熟社会へと移行することができるはずだ。

特別対談　世界の人口動態と帝国再編

内田樹×藻谷浩介

内田　70年代くらいまでは「人口問題」といえば「人口爆発問題」のことでした。このまま人口が増えたら地球環境が破壊される、食糧も水も足りなくなる。どうやって人口を減らすか。それが熱く議論されていた。でも、ある時から「人口問題」は「人口減少問題」のことになった。どうして問題のスキームが逆転したのか。いったいこれまで何を見落として、何を勘違いしていたのか。それについては誰も何も説明してくれませんでした。

藻谷　バブル崩壊後のどこかで「日本の問題は人口減少」だと、みんなの頭が切り替わりました。でも人口減少とは何がどうなることなのか、減るとどう大変なのか、具体的に考えている人は少ないですね。減っても大丈夫と言い張る一部の経済学者、減少は過疎地の話と勘違いする都会の若者、女が産まないからだと責任転嫁する高齢男性、どれもピントがずれています。新型コロナの流行でさらに出生数も減り、いよいよ本格的にまずい状況になってきたというのに、急迫感もないですし。もちろん地球環境のためには、人が減るのは良いに決まっているんですが……（笑）。

内田　21世紀末には世界人口が100億人に達すると予測されています。地球環境にとっては完全に人口過剰です。だから、人口減少は人類的には正しい選択なんです。以前、人口社会学者の古田隆彦先生が「キャリング・キャパシティ（環境収容力）」について書いていました。人間は、集団の人口が増え、キャパシティを越えたと判断すると、収容力が回復するまで集団的・無意識的に人口抑制行動を開始するのだそうです。集団存続のための無意識的な行動ですから、一度減り始めたら、人為的・政策的に出生数を回復させることはできない。

藻谷　なるほど。実は私も長年、人口減少は日本人の、生物としての無意識の選択の結果なのではないかと感じていましたので、そう伺って、変な話ですが勇気が出ました。人間は食物連鎖の頂点に立つ生物種ですので、出産を自動的に調節する機能がＤＮＡの中に内在しているのではないでしょうか。そう考えて初めて、ここ半世紀の急速な位相の変化が説明できると感じます。

内田　最近、若い人たちが地方に移住し始めているのも、特に主導的な理論があるわけではないですし、リーダーがいるわけでもない。にもかかわらず、定点観測していると、無関係な場所で、同時多発的に、同じような行動を取る人が現れている。何か「見えざる力」が働いているとしか考えられない。さらに面白いのは、この「無関係に同じような行動をとった人たち」がいつのまにか緊密なネットワークで繋がっていることです。

藻谷　なるほど。そういう変化は内田さんの身の周りでも起きているんですか。

内田　増えています。

中国の人口減少が世界を変えていく

藻谷　ところで、総人口だけでは実態はわかりません。少子化するとまず乳幼児の数、次いで若者の数が減ります。総人口が減り始めるのはその数十年後で、そこで騒いでも、もう手遅れです。

わかりやすいのは中国ですね。国連の人口部が2〜3年に一度、世界各国の1950年〜2100年の毎年の、年齢別人口推計と予測をエクセルで出していますが（HPから閲覧可）、2019年度版を見ますと、15年から20年の最近5年間の変化が半端ではない。総人口は3250万人増えているのに、15〜44歳は4200万人も減っている。率では7％減少で、これは日本の9％減と大差がありません。空前の人手不足が起きていますし、消費の成長も前のようにはいかなくなります。

内田　一人っ子政策が終わったのは2015年ですが、そのあとも出生数は回復していないということですか？

藻谷　一人っ子政策を行っている間に、出生数が3分の2に減ったので、今は若い親世代が減り始めました。そのため、0〜4歳の乳幼児も最近5年間は3％減です。他方で、一人っ子政策の前に生まれた世代の加齢で、70歳以上は23％も増えました。日本は同じ5年間に16%増ですから、中国の方がよほど深刻です。しかも年金制度も医療福祉体制も整備途上ですし。

台湾や香港の少子化はさらに深刻です。出生率も1．0近くまで下がっています。

内田 台湾や香港がそんなに低いんですか。それは知らなかった。

藻谷 台湾は地味豊かな火山島で降水も多く、人口も2300万人程度なので、そんなに自然の容量をオーバーしていないはずなんです。やはり、中国の脅威の影が差しているのかもしれません。将来はどうなるかわからないという漠然とした不安が出生率を下げている気がします。

ですが東南アジアや、インドなどの南アジアでも、少子化は始まっています。欧州や米国でも乳幼児が減り始めました。他方で中近東やアフリカの多くの国では、背景にイスラムへの回帰志向もあるのか、まだ出生数が増えています。中国でもムスリムのウイグル人は少子化していないでしょう。だから、漢民族がむちゃくちゃな弾圧を加えて、何とかおさえ込もうとしていて……。

内田 漢民族はウイグル人の人口増大を恐れていますよね。断種や不妊手術という出生数削減をめざした弾圧策からも明らかだと思います。

藻谷 露骨にひどいことをやっている。ムスリムの国々までもが中国を野放しにしていますね。

内田 欧米も、中国の政策については、どうしてそんなことをするのかよくわからないというのが本音じゃないかと思います。欧米の外交専門家の分析を読んでも、中国がいま何をしようとしているのか、その内在的なロジックまで踏み込んで解明したものはほとんどありません。せいぜい1、2年程度の、習近平の動きについて短期的な予測はできても、30年、50年というタイムスパンで中国が何をしようとしているのかについては言及がない。

藻谷　それはまずいですね。日本のネトウヨと同じで漢籍の素養がないわけですね。

人口の均衡が崩れると世界地図が変わる？

内田　中国人はいまでも華夷秩序《かいちつじょ》のコスモロジーの枠内で世界をとらえていると僕は思っています。世界の中心に中華皇帝がいて、そこから王化の光が同心円的に広がり、王土の外は「化外の地」であり、未開の蛮族が蟠踞《ばんきょ》している。「化外の地」は皇帝の実効支配は及んでいませんが、中国の領土であるようなないような、どっちつかずのエリアです。そして、その周縁に棲む蛮族たちは部族を統一して十分な実力をつけると、中原に侵入して、皇帝を弑逆《しいぎゃく》して、自分たちの王朝を立てようとする。モンゴル族の元、女真族の金、満州族の清と、「化外の民」が王朝を立てた例はいくつもあります。豊臣秀吉も明を倒して、後陽成天皇を皇帝に頂く「日本族」の王朝を立てるつもりでした。20世紀に日本人が満州国を建国したのも、アイディアは同型的です。東アジアの人たちはそういうふうに華夷秩序コスモロジーの中に封じ込められている。それはいまでも変わらない。だから、漢民族にとっては、辺境の「蛮族」が侵入してきて、王朝を倒すというのはトラウマ的記憶なわけです。ウイグル族に対する異常な警戒心は「辺境」への恐怖という心理的な基礎があると思います。

辺境の少数民族だけでなく、漢民族自身も必ずしも一枚岩であるわけではありません。9200万人、総人口の6．5％に過ぎない中国共産党員と、それ以外の国民の間には歴然たる身分格差があります。いま中国政府は国防費以上の予算を治安維持に投じて国民を監視しています。高性能監視カメラ、顔認証システム、自動テキスト分析、ビッグデータ処理などの国民監視テクノロジーで中国は世界最先端の技術を誇っていますが、それは逆に言えば、少しでも監視の手を緩めたら、国民がどう動くか分からない、体制が転覆するかもしれないという恐怖と緊張感が政府の側にあるということを意味しています。

藻谷　それで思い出したのが、武漢でいち早くコロナの危険を訴えた李医師が死去して1周年のときに、勤務先だった病院の玄関に寄せられた献花を、当局が撤去したというニュースがありました。なんとも非人間的な話ですが、これはつまり、市民のささいな追悼がいつの間にか政府批判の大規模行動につながりかねないと、警戒しているわけですよね。何がきっかけで9000万人以外の13億人が「この野郎」と反乱を起こすかわからないということなのかもしれません。

内田　国民に対する「恐怖政治」がこれだけ露骨になってきているということは、むしろ政権基盤の脆弱さを示す徴候ではないかと思います。共産党政権にとって最大のリスクファクターは、藻谷さんが指摘された通り、人口動態です。2027年に中国の人口はピークアウトして、その後一気に急激な人口減少と高齢化が訪れる。一人っ子政策のせいで親族共同体がほぼ空洞化してしまったので、これから独居の高齢者が大量発生します。でも、それを受け入れる社会保障制度がいまの中国にはありません。

アメリカでも人口動態の動きが政治に直結しています。WASP（白人・アングロサクソン・プロテスタント）の出生率が下がってきている一方、アジア系や黒人やヒスパニック系は依然として出生率が高い。2045年には白人の人口比が50％を切り、有色人種が多数派になります。このトレンドはもう不可逆的です。白人たちは自分たちが少数派に転落することを非常に恐れている。人口動態の文脈からは、トランプ支持は少数派に転落しつつある白人たちの最後の抵抗に見えます。

藻谷　だからでしょうか、主流派の余裕がなくて、やけくそで暴力的な臭いがありますね。

内田　Qアノンの陰謀論者たちが恐怖しているのは、有色人種がアメリカの多数派になり、白人が少数派に転落する事態だと思います。自分たちがかつて少数派をどのように迫害してきたかを記憶しているだけに、少数派になることの恐怖はそれだけリアルなんでしょう。

藻谷　中国にせよ、アメリカにせよ、日本以上にごく最近まで少子化が起きていなかったので、漢民族が減る、カトリックも含めた白人が減るという状況に、頭がついていっていません。しかも高齢者を含めた総人口はまだまだ増えているので、多くの人は呑気なままですから、気づいた人はついつい先鋭化します。日本でも総人口が減り始めたのは、少子化開始から40年以上も後でした。

ですが増え続ければいいというものでもありません。多くの国でまだ少子化の起きていない中近東やアフリカで問題になっているのは、生活用にせよ農業用にせよ、「水」が足りないことです。これは食べ物がない以上に深刻なことで、実際に紛争の種になっています。

内田　水争いで。

藻谷　ええ。たとえばイスラエルとパレスチナの対立の根底にも、減りゆくヨルダン川の水の取り合いがあります。中近東では海水の淡水化技術も普及していますが、莫大なエネルギーを消費するやり方がいつまで続くのか。アフリカの貧しい国々の多くの状況は、ましてや深刻です。

しかし、人口増加＝国力増進という考え方は、特に中近東には根強いように思えます。トルコなど、エルドアンが登場するまでは少子化がかなり進んでいたのですが、彼はかなり強引な出産奨励政策で少子化を食い止め始めました。イランの保守派政権にも同じ傾向が観察できます。

内田 そうなんですか。前にイスラム法学者の中田考先生からトルコはオスマン帝国圏を復活させる計画があるのではないかという話を伺ったことがあります。たしかに、バルカン半島の危機や、中近東の紛争問題を解決するにはオスマン帝国の復活というのは奇策だと思います。スンナ派テュルク族ベルトは、トルコからアゼルバイジャン、カザフスタンを通って、新疆ウイグルまで西アジア全域に広がっています。宗教と言語と生活文化を共有する1億3000万人がこの地域に居住している。この人たちがある種の共同体を構築すると、その勢力は侮りがたいものがあります。何より、この人たちには集団を統合する「物語」がある。中国の「一帯一路」に対抗する、ユーラシア大陸を東西に貫くスンナ派テュルク族ベルトという壮大なイメージがあるいはトルコの人口のV字回復に関係があるかも知れませんね。

藻谷 私も中央アジアやコーカサス各国の旅行にはまっていまして、ウイグル、キルギス、カザフスタン、ウズベキスタン、アゼルバイジャン、そしてトルコでは、基本的に言葉が通じ合うというと現地で聞いて驚愕しました。ただし現状ではトルクメニスタンが鎖国状態ですし、アゼルバイジャンのアゼリー人はシーア派で、また世界最古のキリスト教国アルメニアが楔のように邪魔をしています。それに帝国の復活を最も警戒するのはロシアでしょうから、彼らがどう出るか。

正常な人口ピラミッドに戻るまで何年？

内田　人口減少というのは、つまるところ、年寄りばかり増えて、それを支える若い世代がいないという状況なわけですが、いま膨れ上がっている高齢者もそのうちいなくなります。ですから、もうしばらく我慢していれば、そのうちに人口構成がもとのピラミッド型に戻って、均衡が取れるようになる。それ、何年くらい先になるんでしょう？

藻谷　団塊ジュニアが亡くなるまでは、高齢者が過大に多い構造は変わりません。また、１９７０年代前半の５年間に生まれた子どもが１０００万人超だったのに、最近の５年間は４７１万人ですから、出生数も半分以下に減ったわけです。その結果、親の数もこれからまだ減るので、出生数が減らなくなるには、時間がかかります。均衡するのはひょっとして70～80年後でしょうか。団塊ジュニアがいなくなるまではどうしようもないでしょうね。

内田　バランスのよい人口ピラミッドができるまでに80年ですか……。

藻谷　そうです。でも、新型コロナの流行の影響で出産自粛が広まり、また出生数が減っていますから、もっとかかるかもしれません。この騒ぎが早く終わってくれればいいのですが。

でも全国各地で、「親になる年代の人が減っている割に、乳幼児の数はそこまで減っていない、あるいは増えている」という現象が観察され始めています。つまり出生率が上がったわけです。

東京都でも、15~44歳の実数はこの5年間で2%も減ったのですが、0~4歳の実数は3%増えました。繰り返しますが、若者が多く流入しているにもかかわらず、東京都の15~44歳はもう減っているのです。分解して理由を説明すれば、都内でこの5年間に118万人が45歳を超えたのに対して、15歳を超えた人が51万人、都外からの15~44歳の流入超過が58万人でした。51+58マイナス118で、15~44歳は8万人の減少になりました。しかし都内の、全都道府県で最低の出生率にも、改善の兆しがあるということなのです。これは東京の話でしたが、地方にも、特に高齢者までが減り始めた過疎農山漁村において、そういう場所はたくさん出てきています。団塊世代が70歳を超え始めた中で、彼らが去った後の真空を埋める動きが、もう始まっているのかもしれません。

内田　キャリング・キャパシティの考え方からすると、子どもがいる方が生存戦略上有利だというふうに集合的無意識が判断すれば、「なんとなく子どもが産みたくなった」という気分が醸成されてくる。そういう機運が出てきたのかも知れないですね。実際、僕の周りにも、子どもが3人という夫婦が結構出てきていますから。

藻谷　それはすごい。女性たちはみんな仕事をしているんですか。

内田　ええ。だいたいそういう家庭は男の人が率先して手際よく家事育児をやってますね。そうじゃないと、女の人が働きながら3人育てるのは無理です。

藻谷　先生のご薫陶ですね！　共に働き家事をし、子育てするというモラルが浸透すれば、子どもはまた増え始めます。何万年も続いてきた人間のＤＮＡは、まったく変わっていないのですから。

内田　子どもたちは次世代を担ってくれるたいせつな宝なんですから、育児はほんらい個人ではなくて、社会や集団が引き受けるべき仕事なんです。

（２０２１年2月9日収録）

単行本　２０１８年４月　文藝春秋刊
ＤＴＰ制作　エヴリ・シンク

文春文庫

人口減少社会《じんこうげんしょうしゃかい》の未来学《みらいがく》

定価はカバーに
表示してあります

2021年4月10日　第1刷

編　者　内《うち》 田《だ》 樹《たつる》

発行者　花 田 朋 子

発行所　株式会社 文 藝 春 秋

東京都千代田区紀尾井町 3-23　〒102-8008
TEL　03・3265・1211㈹
文藝春秋ホームページ　http://www.bunshun.co.jp

落丁、乱丁本は、お手数ですが小社製作部宛お送り下さい。送料小社負担でお取替致します。

印刷・大日本印刷　製本・加藤製本

Printed in Japan
ISBN978-4-16-791681-7

（　）内は解説者。品切の節はご容赦下さい。

子どもは判ってくれない
内田　樹《たつる》

正しい意見を言ったからといって、人は聞いてくれるわけじゃない。大切なのは、「その言葉が聞き手に届いて、そこから何かが始まる」こと。そんな大人の対話法と思考を伝授！（橋本　治）

う-19-1

街場の現代思想
内田　樹

「バカ組・利口組」に二極化した新しい階層社会が形成されつつある日本で求められる文化資本戦略とは何か？　結婚・お金・転職の悩み……著者初の人生相談も必読！（橋本麻里）

う-19-3

知に働けば蔵が建つ
内田　樹

弱者が負け続ける「リスク社会」をなぜ日本は選択してしまったのか。「武術的思考」や「問いの立て方を変える」など具体的な視座から、未来への希望と真の教養を問う時評集。（関川夏央）

う-19-4

街場のアメリカ論
内田　樹

大学院の演習での講義と聴講生たちとの対話をベースに、日米関係、ファースト・フード、戦争経験、児童虐待、キリスト教などからアメリカを読み解く画期的な論考。（町山智浩）

う-19-7

ひとりでは生きられないのも芸のうち
内田　樹

ウチダ先生と一緒に考える結婚のこと、家族のこと、仕事のこと。現代社会を生きのびるための示唆にあふれたエッセイ集。特別座談会「お見合いは地球を救う」を併録。（鹿島　茂）

う-19-9

映画の構造分析
ハリウッド映画で学べる現代思想
内田　樹

『エイリアン』と「フェミニズム」、『大脱走』と「父殺し」、「ヒッチコック」と「ラカン」ｅｔｃ。ハリウッド娯楽大作に隠されたメッセージを読み解く著者の初期代表作。（鈴木　晶）

う-19-10

レヴィナスと愛の現象学
内田　樹

難解をもって知られるユダヤ人哲学者E・レヴィナスの画期的な入門書。哲学史に屹立する碩学の思想を、〈自称弟子〉が武道家的に読み解く「レヴィナス三部作」第一弾。（釈　徹宗）

う-19-11

（　）内は解説者。品切の節はご容赦下さい

内田　樹
他者と死者
ラカンによるレヴィナス

現代思想にそびえ立つJ・ラカンとE・レヴィナス。卓越した二つの知性が立ち向かった困難な課題を武道家的に思索する、著者のライフワークたる「レヴィナス三部作」第二弾。（門脇　健）

う-19-12

鷲田清一・内田　樹
大人のいない国

犯人捜しの語法でばかり社会を論じる人々、全てを費用対効果で考える消費者マインド、クレーマー体質……。幼児化する日本の今を知の巨人ふたりが分析し、成熟への道しるべを示す！

う-19-14

内田　樹
もういちど村上春樹にご用心

なぜ村上春樹作品には、朝ご飯を食べたり掃除をしたりするシーンが多出するのだろう？　村上春樹を司馬遼太郎の後継者として位置づけ、その世界性を浮き彫りにする魅惑の一冊。

う-19-17

内田　樹
最終講義
生き延びるための七講

神戸女学院大学退官の際の「最終講義」を含む、著者初の講演集。自分の知的ポテンシャルを最大化する唯一の方法とはなにか、など世界の眺望が一変する言葉の贈り物。（赤坂真理）

う-19-19

内田　樹
街場の文体論

教師生活最後の講義で「どうしても伝えたかったこと」。他者に「届く言葉」はどこから生まれるのか——など、「言語と文体」について熱く語りつくす集大成。（青山ゆみこ）

う-19-21

内田　樹
内田樹による内田樹

百冊を超える著書・翻訳書の中から『ためらいの倫理学』などを取り上げた、著者による自作解説の講義を元に生まれた新たな思考へと飛翔する一冊。巻末に著書・翻訳書リストを収録。

う-19-23

内田　樹
街場の憂国論

壊れゆく国民国家、自民党改憲案の危うさ、とまりつつある経済成長、ポスト・グローバリズムの世界——この国はどうなるのか？　現代日本の抱える問題を解きほぐす内田流憂国論。

う-19-24